인간이란 무엇인가?

인간이란 무엇인가?

초판 1쇄   2018년 10월 31일 발행

지은이   조병수 김병훈 안상혁 정창균 홍동필
엮은이   홍동필
펴낸이   김기영
발행처   도서출판 영음사
주소   경기도 수원시 권선구 경수대로369번길 20, 4, 5층
전화   031) 233-1401, 1402
팩스   031) 233-1409
전자우편   biblecomen@daum.net
등록   2011. 3. 1 제251-2011-14호

이 도서의 국립중앙도서관 출판시도서목록(CIP)은 서지정보유통지원시스템 홈페이지(http://seoji.nl.go.kr)와 국가자료공동목록시스템(http://www.nl.go.kr/kolisnet)에서 이용하실 수 있습니다.(CIP제어번호: CIP2018034357)

ISBN 978-89-7304-138-1(03230)
값은 뒤표지에 있습니다.

이 책의 출판권은 도서출판 영음사에 있습니다.
저작권법에 의하여 보호를 받는 저작물이므로 무단전재와 복제를 금합니다.

머리말

성경은 피조물 중 가장 소중한 존재가 사람이라고 말씀합니다. 왜냐하면 하나님께서 사람을 하나님의 형상대로 창조하셨기 때문입니다. 사람이 하나님의 형상대로 지음 받았다는 것은 하나님을 닮았다는 것입니다. 하나님과 같은 인격적인 존재라는 것입니다. 하나님처럼 생각하고 느끼고 결정할 능력을 갖고 있다는 것입니다. 하나님께서 사람에게만 주신 것입니다. 그래서 다른 피조물과 달리 사람이 있는 곳에는 항상 변화와 새로운 창조가 있습니다. 이것은 사람에게만 있는 놀라운 특권이며 하나님께서 주신 소중한 선물입니다.

진리를 깨닫는 것, 학문을 발달시키는 것, 아름다운 예술과 문화를 창조해내는 것은 진정 사람에게만 있는 것입니다. 과거에는 몇 년이 걸려야만 해결되었던 문제들이 오늘날에는 과학의 발전으로 순식간에 해결되는 것을 보면 놀랍기만 합니다. 최근 몇 년 사이에 모든 나라와 사람들이 관심을 갖게 된 인공지능(Artificial Intelligence, AI)의 발달은 앞으로 인간 세계에 어떤 변화와 발전을 가져올지 놀랍기도 하고 기대도 되며, 한편으로는 인간이 가진 능력의 한계가 얼마인지 궁금하게 만듭니다. 이세돌과 바둑으로 승부를 했던 알파고는 우리에게 큰 충격을 주기도 했습니다.

무엇보다도 인간의 소중함과 위대함은 하나님의 말씀을 듣고 깨달을 수 있다는 사실입니다. 피조물인 인간이 창조주 되시는 하나님의 진리의 말씀을 깨달을 수 있다는 것은 엄청난 사건이며 엄청난 일입니다. 집에서 키우는 애완동물 중 개를 보십시오. 주인의 마음을 아는 듯 하지만, 사실은 주인의 마음이 어떤지, 어떤 생각을 하는지, 무엇을 원하는지. 오늘은 왜 고민하는지, 어떤 고민을 하는지 도무지 알 수 없습니다. 애완동물은 학문을 할 수 있는 것도 아니고 예술을 창조해 낼 수도 없습니다. 그런데 놀랍게도 인간은 피조물인데도 불구하고 창조주 되시는 하나님을 알 수 있고 또 하나님의 말씀을 깨달을 수 있습니다.

다윗은 시편 8편에서 인간을 과분하게 대해주시는 하나님을 찬양합니다.

[3]주의 손가락으로 만드신 주의 하늘과 주께서 베풀어 두

신 달과 별들을 내가 보오니 ⁴사람이 무엇이기에 주께서 그를 생각하시며 인자가 무엇이기에 주께서 그를 돌보시나이까 ⁵그를 하나님보다 조금 못하게 하시고 영화와 존귀로 관을 씌우셨나이다 ⁶주의 손으로 만드신 것을 다스리게 하시고 만물을 그의 발 아래 두셨으니 ⁷곧 모든 소와 양과 들짐승이며 ⁸공중의 새와 바다의 물고기와 바닷길에 다니는 것이니이다 ⁹여호와 우리 주여 주의 이름이 온 땅에 어찌 그리 아름다운지요(시 8:3-9).

하나님은 사람으로 하여금 하나님을 대신하여 만물을 주관하게 하셨습니다. 그것이 처음 사람을 창조하시고 사람에게 주신 사명이었습니다. 생육하고 번성하여 땅에 충만하고 땅을 정복하며 하늘의 새와 들의 짐승과 바다의 물고기까지 하나님은 사람으로 하여금 다스리게 하셨습니다(창 1:27-28).

이런 인간일지라도 죄가 인간 세계에 들어오는 순간 복잡해졌습니다. 정상적인 생각과 사상과 신앙을 유지하기 어렵고, 바른 인간이 되기 어려워진 것입니다. 그래서 하나님께서는 독생하신 예수님을 이 세상에 보내셔야 하셨습니다. 주님께서 구속사역을 이루시기 위해 자원해서 이 땅에 친히 인간의 몸을 입고 오신 것입니다. 죄인을 구원하시기 위한 하나님의 사랑과 동시에 인간에게 구속의 길을 친히 열어 놓으신 우리 주님 예수 그리스도의 놀라운 은혜입니다.

사람을 연구하고 발표한다는 것은 즐거운 일이며 기대가 되는 일입니다. 동시에 복잡한 일이기도 합니다. 금년에도 저희교회에서 네 분야에 전공하신 성경적이고 개혁주의 입장에서 안심하고 믿을 수 있는 정창균 조병수 김병훈 안상혁 교수님을 모실 수 있어서 하나님께 감사를 드립니다. 강의 순서는 다음과 같습니다.

실천신학자 정창균 교수께서 "하나님의 관심은 사람이다"
역사신학자 안상혁 교수께서 "하나님의 형상을 가진 인간"
조직신학자 김병훈 교수께서 "부패한 인간의 절망과 소망"
성경신학자 조병수 교수께서 "성경은 인간을 무엇이라 말하는가?"라는 주제로 강의를 해 주셨습니다.

매년 5월마다 가정의 달을 맞이하면서 바른 성경적인 신관을 가질 수 있도록 평신도를 위한 세미나를 할 수 있다는 사실에 하나님께 감사드립니다. 무엇보다도 약 2시간 정도의 긴 강의임에도 불구하고 잘 듣고 소화해내는 우리 교회 성도들이 자랑스럽습니다.

그리고 책 출간에 도움을 준 본교회에 감사를 드립니다. 특별히 한 번의 강의로 끝나지 않고 책으로 엮어서 한국 교회와 성도들과 공유할 수 있어서 하나님께 감사드립니다. 강의한 내용을 교정하여 책답게 만들어 내신 영음사 직원분들께도 감사드립니다. 이 책이 한국교회와 많은 성도들에게 신앙적으로 도움이 되기를 바라며 오직 하나님께만 영광돌립니다.

2018년 8월
전주새중앙교회 목양실에서
목사 홍 동 필

차례

머리말　　5

1. 성경의 인간론 _조병수
   창 1:24-31　　11

2. 부패한 인간의 절망과 소망 _김병훈
   롬 7:14-25, 8:23-25　　63

3. 하나님의 형상을 가진 인간 _안상혁
   요 17:24　　99

4. 하나님의 관심은 사람이다 _정창균
   창 1:26-31　　153

5. 기쁨으로 살아야 할 인간 _홍동필
   창 2:4-17　　185

1

성경의 인간론
창 1:24-31

조병수

들어가는 말

오늘 저녁에 여러분에게 "성경은 인간에 대하여 무엇이라고 말씀하는가"라는 제목으로 말씀드립니다. 사람을 성경의 조망으로 보는 것입니다. 어떻게 보면 이 내용은 아주 간단합니다. 세 가지를 주로 이야기할 것입니다. 첫째, 하나님께서 인간을 창조하셨다는 것을 말씀드립니다. 인간은 하나님의 피조물 또는 창조물이라는 것입니다. 둘째, 인간이 하나님의 사랑에서 떨어져서 타락했다는 내용입니다. 그래서 인간은 타락한 존재가 되었습니다. 셋째, 타락한 인간이 하나님의 은혜로 구원을 받았다는 것입니다. 구속받은 인간에 대한 이야기입니다. 이렇게 성경은 창조된 인간, 타락한 인간, 구속된 인간에 관하여 가르쳐줍니다. 이제 성경 전체를 가지고 창조, 타락, 구속이라는 세 가지 관점에서 사람에 관해 살펴봅시다.

1. 창조된 인간

가장 먼저 인간은 창조되었다는 이야기부터 말씀드리려고 합니다. 하나님께서 인간을 두 가지 요소로 창조하셨습니다. 하나는 흙입니다. 하나님은 우리의 육체를 흙으로부터 만들어 내셨습니다. 그런데 인간에게는 또 하나의 요소가 있습니다. 그 흙을 가만 놔두면 그냥 흙덩어리인데 거기에 하나님께서 생기를 불어넣으셨습니다. 그래서 사람이 움직이는 생물이 되었습니다. 그래서 인간은 외형으로 흙에서 나온 육체를 가지고 있고, 또한 눈에 보이지 않지만 그 안에 하나님께서 불어넣으신 생기라는 영혼이 들어있습니다.

이렇듯 인간은 근본적으로 두 가지 요소를 갖고 있기 때문에 이쪽으로 기울거나 아니면 저쪽으로 기우는 성향을 가지고 있습니다. 인간은 흙으로 창조되었기 때문에 자꾸 흙으로 돌아가려는 기질이 있고, 하나님께서 생기를 불어넣었기 때문에 하나님 쪽을 향하기도 합니다. 타락한 본성은 계속 흙으로 돌아가려는 이런 성격이 강합니다. 구속받은 사람에게는 자주 하나님을 사모하는 경향이 나타납니다. 사람은 창조될 때부터 어느 한쪽으로 치우칠 수 있는 가능성이 있기 때문에, 구속이 되지 않으면 흔들리는 존재로 남을 수밖에 없습니다. 전도서에 보면 흙은 땅으로 돌아가고 영혼은 그것을 주신 하나님께로 돌아간다고 말씀합니다(전 12:7). 인간은 흙과 영혼으로 창조되었기 때문입니다. 이와 같은 인간의 근본적인 모습을 기초로 삼아 창세기를 살펴보겠습니다.

1) 인간의 위치: 중간자

창세기의 첫 부분을 읽어보면 하나님께서 여섯 째날 인간을 만드신 장면을 발견합니다. 이 이야기는 굉장히 중요한 의미를 한 가지 담고 있습니다. 인간이라는 존재는 처음부터 세 꼭짓점을 가지고 있다는 것입니다. 첫째는 인간을 만드신 하나님이라는 꼭짓점이고, 둘째는 만들어진 인간이라는 꼭짓점이며, 셋째는 하나님이 인간 옆에 만들어 놓으신 또 다른 존재, 말하자면 만물이라는 꼭짓점입니다. 이것은 사람이란 존재는 처음부터 영적으로도 사회적이고, 육체적으로도 사회적이라는 것을 알려줍니다.

인간은 혼자 살 수가 없습니다. 왜 그럴까요? 영적으로 보면 인간은 자기를 만든 하나님과 관계 속에서만 살아야 하는 사회성을 가지고 있습니다. 또한 물질적으로 보면 인간은 함께 만들어진 다른 것들, 특별히 옆에서 같이 움직이고 있는 생물들과 더불어 살아야 합니다. 사람이 혼자 살 수 없는 까닭은 창조될 때부터 인간을 만드신 하나님과 관계 속에서만 살아야 하고, 또한 하나님이 인간과 함께 만들어놓으신 다른 생물들과 같이 살아야 하기 때문입니다. 그래서 인간은 처음부터 사회적인 존재라고 볼 수 있습니다. 인간은 고립되거나 소외되거나 혼자 동떨어져 살 수 있는 존재가 아니라는 것입니다.

　이렇게 창조 될 때부터 사회성을 가지고 창조된 인간을 분석해 보면, 세 가지의 모습이 나타나는 것을 발견할 수 있습니다. 첫째로, 인간에게는 창조 될 때부터 어떤 위치가 있었습니다. 어떤 위치인가 하면 중간자라는 위치입니다. 위에는 하나님이 계시고, 가운데는 사람이 있고, 아래에는 사람과 함께 창조된 다른 만물이 있습니다. 다시 말하자면, 만드신 하나님(창조주), 만들어진 인간(피조물), 인간과 함께 존재해야 될 만물(공존물)입니다. 그래서 인간은 처음에 하나님이 창조하실 때부터, 하나님과 만물 사이에 들어 있는 중간자로 창조되었습니다. 이 위치가 굉장히 중요합니다. 특히 창세기 1장 24-31절은 이런 이야기를 하고 싶어 합니다. 인간은 어떤 존재입니까? 인간은 중간자입니다. 인간은 만드신 하나님과 만들어진 만물 사이에서 하나님을 대표하기도 하고 동시에 만물을 대표하기도 하는 중간자 존재입니다.

창세기 1장 24-31절에 의하면, 만드신 하나님, 만들어진 인간, 그리고 다스림을 받아야 할 만물이라는 세 꼭짓점이 나옵니다. 그런데 이때 인간이 하나님과 인간과 만물 사이의 중간자라는 것입니다. 그래서 사람은 처음부터 중간자로서 하나님 쪽으로 가까이 갈 수도 있고 아니면 자기와 함께 더불어 살고 있는 만물 쪽으로 가까이 갈수도 있는 두 가지 성향을 가지고 있습니다. 예를 들어 부동산 중개업을 하는 사람을 생각해봅시다. 중개업을 하는 분이 절대로 중립적일수가 없습니다. A라는 사람이 집을 팔고 B라는 사람이 집을 산다고 합시다. 중개업을 하는 분은 집을 파는 분에게 호감이 있으면 그 쪽을 유리하게 만들어주고, 반대로 물건을 사는 사람에게 호감이 있으면 그 사람을 유리하게 만들어 줍니다. 똑같이 할 수가 없습니다. 사람도 마찬가지입니다. 만드신 하나님과 함께 살아야 할 만물들 사이에 껴있는 인간은 창조 때에 하나님 쪽으로 기울어지거나 동물 쪽으로 기울어질 가능성을 가지고 있었습니다. 앞에서 말씀드린 것처럼 사람은 흙이란 요소와 생기라는 요소로 되어 있기 때문에 흙으로 기울어질 가능성과 생기로 기울어질 가능성이 있다는 의미입니다.

인간은 하나님의 창조물로서 하나님이 만드신 존재이기 때문에 하나님 쪽으로 기울어지는 것이 당연한 일입니다. 그러나 안타깝

게도 인간은 하나님 쪽보다는 동물 쪽으로 더 잘 기울어집니다. 그래서 인간의 타락이라는 것은 하나님의 말씀을 듣는 것보다 자기와 함께 살아야 할 생물의 말을 듣는 것입니다. 창세기 3장에 나오는 말씀입니다. 거기에 보면 뱀이 다가와서 하와에게 말을 겁니다. 창세기 3장에 보면 하와에게 말을 건 이 뱀은 짐승가운데 "간교한 자"라고 합니다. 뱀은 사람과 함께 살아야 할 동물입니다. 우리는 첫 사람이 선악을 알게 하는 나무의 열매를 먹지 말라 하시는 창조주 하나님의 말씀과 짐승 가운데 한 종류인 뱀이 정말 하나님이 그것을 먹지 말라고 하더냐 하는 말을 들었을 때, 사람은 하나님의 피조물이니까 당연히 뱀의 말보다는 하나님의 말씀을 존중할 것이라 생각합니다.

하지만 애석하게도. 인간은 하나님의 말씀 보다는 뱀의 말을 더욱 존중하였습니다. 이것이 바로 타락입니다. 인간은 좀 더 쉽게 친할 수 있는 것으로 기울어졌습니다. 하나님은 창조주이시므로 두렵고 경외해야 할 어려운 분이라 늘 조심합니다. 그래서 하나님과의 관계는 뭔가 어색합니다. 반대로 인간은 자기와 함께 흙 속에서 뒹굴고 뭔가 교활한 생각을 갖기도 하는 생물하고는 친합니다. 인간은 이런 성격을 가지고 있어서 하나님을 섬기는 것보다는 도리어 땅에 있는 어떤 존재들을 섬기는 것을 더 좋아하게 되었습니다. 이 사실을 가장 명확하게 보여준 분이 바로 사도 바울입니다.

사도 바울은 로마서 1장 23절에서 이렇게 말하였습니다. 본래 썩지 않을 하나님의 영광을 추구해야 하는 인간은 도리어 썩지 않는 "하나님의 영광을 썩을 사람과 새와 짐승과 기어 다니는 동물 모양의 우상으로 바꾸었다"(롬 1:23). 이 말씀을 잘 보아야 할 필요가 있습니다. 사람은 본래 하나님의 피조물이기 때문에 창조주이신 하나님의 형상을 추구해야 하는데, 그 대신에 다른 것들을 따라갑니다. 첫째로, 사람을 따라갑니다. 하나님보다 사람이 더 친근하다는 뜻입니다. 둘째로, 하늘에 날아다니는 독수리나 매 같은 존재를 따라갑니다. 셋째로, 땅에 뛰어다니는 힘이 센 호랑이나 곰 같은 짐승을 따라갑니다. 그리고 마지막에는 심지어 땅에서 기는 뱀이나 지네나 지렁이 같은 미물들을 섬기는 쪽으로 나갔다는 말입니다. 다시 말하면, 중간자라는 인간이란 신분이 하나님 쪽으로 나아가는 중간자가 아니라 사람이나 새나 짐승이나 심지어는 벌레와 같은 존재들을 섬기는 쪽으로 떨어지는 중간자가 되었다는 말입니다.

성경은 창조된 인간을 가리켜 중간자라는 위치를 설명하고 있습니다. 그런데 중간자인 인간이 하나님을 떠나 피조물을 섬기는 쪽으로 가고 말았습니다. 하나님은 중간자인 인간이 하나님에게서 멀어지고 대적하는 태도를 가지지만 하나님은 인간에 대하여 여전히 창조주로 관계하시고, 인간은 하나님께 대하여 여전히 피조물로 존재합니다. 하나님은 인간에게 창조주로 계시지만, 인간은 창조주에게서 멀어집니다. 여기에 하나님과 인간 사이에 묘한 관계가 형성됩니다. 마치 부모가 자녀를 낳아주고 길러준 분임에도 불구하고, 자녀들이 부모의 속을 썩이는 것과 비슷합니다. 하나님과 인간의 관계는 기묘한 이중적 관계입니다. 하나님은 인간을 만드신 창조주이시지만, 정작 인간은 하나님을 떠나는 이상한 이중적 관계입니다.

2) 인간의 신분

이제 두 번째로 생각해볼 것은 창조 때 인간은 어떤 신분을 가졌느냐 하는 것입니다. 다시 창세기 1장 24-31절을 보면, 인간이 창조되었을 때 가진 관계가 세 가지 면으로 나타납니다. 인간이 창조 때 가진 세 가지 관계에서 인간의 세 가지 신분이 드러납니다.

(1) 하나님의 형상

첫째로, 창세기는 인간이 창조 되었을 때 하나님에 대하여 어떤 신분을 가졌는지 보여줍니다. 창세기 1장 26절과 27절을 보면, 인간은 하나님의 형상과 하나님의 모양으로 창조되었다고 말합니다. 이것은 인간이 창조될 때 하나님의 형상과 모양이라는 신분을 가졌다는 것입니다. 하나님의 형상과 모양이란 말은 어떻게 보면 굉장히 쉬운 내용인 것처럼 보입니다. 우리는 인간이 하나님의 형상과 모양을 가지고 있다는 말씀을 잘못 이해하기 쉽습니다. 하나님도 우리와 같은 눈과 코가 있고 손과 발이 있어서, 우리가 창조되었을 때 하나님의 그 형상으로 창조되었다는 뜻으로 말입니다.

사실상 창세기에서 형상과 모양이라는 말을 사용할 때, 어떤 경우에는 그런 의미로 쓴 경우도 있습니다. 똑같이 생겼다 이런 뜻으로 말입니다. 예를 들어 창세기 5장에 보면, 아담이 가인과 아벨을 잃어버리고 난 다음에 다른 아들을 낳았습니다. 셋입니다. 가인과 아벨에게 문제가 생긴 다음에 아담이 셋이라는 이름의 아들을 낳았습니다. 그런데 셋을 낳았을 때 성경은 이렇게 말씀합니다. "아담은 자기의 모양 곧 자기의 형상과 같은 아들을 낳아 이름을 셋이라 하였다"(창 5:3). 무슨 뜻입니까? 아담이 셋이라는 아들을 낳고 보니까 아담하고 똑같이 생겼다는 의미입니다. 상상하자면 아담의 코가 오똑 섰는데 셋도 코가 오똑 섰고, 아담의 눈이 까만데 셋의 눈도 까맣다, 그런 뜻입니다. 아담이 셋을 낳고 보니까 똑같이 생겼기 때문에 형상과 모양이 같다고 말한 것입니다. 사람에게 이렇게 말할 때는 외모가 실제로 닮은꼴이라는 뜻으로 이 단어를 사용합니다. 창세기 5장에 나오는 말씀입니다.

그러나 하나님이 인간을 하나님의 형상과 하나님의 모양으로 창조하셨다는 말씀은 하나님이 눈과 코가 있으시니까 우리를 눈과 코를 가진 존재로 만드셨다는 뜻이 아닙니다. 이것은 성품과 관련된 말씀이기 때문입니다. 하나님께서 인간을 하나님의 형상과 하나님의 모양으로 만드셨다는 것은 하나님의 성품을 따라 창조했다는 뜻입니다. 하나님은 의로운 분이시기 때문에 인간을 의롭게 만드셨고, 하나님은 거룩하신 분이시기 때문에 인간을 거룩하게 만드셨습니다. 하나님은 온전하신 분이시기 때문에 인간을 온전하게 만드셨고, 하나님은 충만하신 분이기 때문에 인간을 충만한 성품으로 만드셨습니다. 그래서 형상과 모양이란 말은 외형에 관한 이야기가 아니라, 내면 아니면 성품에 대한 이야기를 의미하고 있는 것입니다. 하나님께서 의로우시고 거룩하신 것처럼 인간을 의롭고 거룩하게 만드셨다는 것입니다. 그래서 하나님이 인간을 만드셨을 때, 다른 만물 어떤 것보다도 보시기에 좋았다고 말씀하셨습니다.

풀이나 나무, 달이나 태양도 하나님의 의로움과 거룩함을 드러냅니다(롬 1:20). 그러나 이런 것들은 인격을 갖고 있지 않기 때문에 하나님의 성품을 드러내는 데 아무래도 한계가 있습니다. 하지만 하나님이 흙으로 만든 인간에게는 생기를 불어 넣으셨기 때문에, 인간은 하나님의 성품을 그대로 반영할 수 있는 본질을 가졌다는 말입니다. 하나님은 자기의 형상과 모양으로 인간을 만드셨습니다. 다시 말하면, 하나님께서 처음에 인간을 만드실 때 하나님의 형상과 모양이라는 신분을 주셨다는 뜻입니다. 이처럼 하나님께서는 인간에게 하나님의 형상과 모양이라는 신분을 주셨습니다.

그래서 하나님께서는 사람이 다른 사람을 죽이는 것을 아주 많이 싫어하셨습니다. 하나님의 의로움과 거룩함을 나타내야 하는 인간이 같은 하나님의 형상을 가지고 있는 다른 사람의 피를 흘리게 하는 것은 하나님의 의로움과 거룩함을 파괴하는 것이기 때문입니다. 그래서 하나님은 피를 흘리는 자는 반드시 피의 보복을 받을 것이라고 말씀하십니다. 그러므로 하나님께서 피를 흘리지 말라고 금지하시는 까닭은 피 흘리는 것은 잔인하기 때문이 아닙니다. 다른 사람의 피를 흘리면 그 사람도 반드시 피를 흘릴 것이라는 말씀 속에는 굉장한 깊은 뜻이 들어 있습니다. 그것은 인간이 하나님의 형상으로 창조되었기 때문에 인간을 해치는 것은 단순히 인간을 해치는 것이 아니라 하나님의 형상을 해치는 것이 되기 때문입니다. 하나님의 형상은 의로움과 거룩함이므로, 사람을 해치는 것은 하나님의 의로움과 거룩함을 해치는 것이 됩니다. 한 마디로 말해서 사람을 해치는 것은 하나님을 해치는 것이란 말씀입니다. 사람을 해치는 것은 하나님의 형상, 하나님의 성품, 하나님 자신을 해치는 것이므로 하나님께서 엄격하게 금하셨습니다.

그래서 십계명에 살인하지 말라고 말씀하신 이유는 단순히 살인하면 세상이 복잡해지고, 사람들이 잔인해지는 이런 인간적인 이유가 아닙니다. 거기에도 깊은 의미가 있는데 인간이 하나님의 형상으로 창조되었다는 이 엄연한 사실 때문에 살인을 금하는 것입니다. 이렇게 성경은 하나님이 처음에 인간을 창조했을 때 인간이 하나님과의 관계에서 가지고 있는 신분은 하나님의 형상이라고 가르쳐줍니다. 인간은 하나님의 형상을 가지고 있기 때문에 하나님과 가까이 하면서 하나님을 영광스럽게 하고 하나님의 말씀에 순종하는 그런 존재로 살도록 지음 받았습니다. 이것이 창조된 인간의 첫째 신분입니다. 하나님과의 관계에서 인간의 신분은 하나님의 형상입니다.

(2) 사람

둘째로, 인간에게 다른 사람과의 관계에서는 어떤 신분을 주었을까요? 인간에게 하나님과 관계에서는 "하나님의 형상"이라는 신분을 주셨다면, 사람과 사람 관계에서는 "사람"이라는 신분을 주셨습니다. 하나님께서는 만물을 만드실때 빛, 해와 달, 동물과 채소 같은 이름을 주셨지만 인간을 만드실 때는 "사람"이란 명칭을 주셨습니다. 창세기 1장 26절은 이렇게 말씀합니다. "하나님이 이르시되 우리의 형상을 따라 우리의 모양대로 우리가 사람을 만들자." 창조된 인간은 하나님과의 관계에서는 "하나님의 형상"이라 불리지만 사람과 사람 관계에서는 "사람"이라고 불립니다.

하나님께서는 사람을 만드시면서 두 개의 성별을 주셨습니다. 창세기 1장 27절을 보면, "하나님이 자기 형상 곧 하나님의 형상대로 사람을 창조하시되 남자와 여자를 창조하시고"라고 말합니다. 사람은 반드시 두 개의 성별이 있을 때만 사람이라는 뜻입니다. 창세기 1장 26절에서는 하나님의 형상을 따라 사람을 만든다고 하시고, 27절에는 설명하기를 사람을 만든다는 것은 남자와 여자를 창조하신 것이라고 말합니다. 이 말은 하나님이 사람을 만드시면서 남자만을 만드시고는 사람을 만들었다고 생각하지 않으셨다는 것입니다. 또한 여자만을 만들어 놓고 사람을 만들었다고도 생각하지 않으셨습니다. 하나님은 남자와 여자를 만드시고 그 두 존재를 합해서 사람을 만들었다고 말씀하셨습니다. 이것은 매우 중요한 진리입니다. 성경은 처음부터 남자와 여자의 평등성을 가르치고 있습니다. 남자만 사람도 아니고, 여자만 사람도 아닙니다. 남자와 여자가 함께 존재할 때만 사람이라고 부릅니다. 두 성이 함께 존재할 때만 그것을 사람이라고 합니다. 그래서 남자와 여자가 편싸움을 하면서, 남자 쪽에서는 여자를 다 없애자 말하거나 여자 쪽에서는 남자를 다 없애자 말해서는 안 됩니다. 하나님은 처음부터 창조의 원리에서 남자와 여자가 공존할 때 그 존재를 사람이라고 부릅니다. 사람을 남자와 여자로 만들었다는 사실은 남자와 여자는 하나님의 눈으로 볼 때 처음부터 평등한 신분을 갖고 있다는 것을 의미합니다. 그래서 창세기 2장에서는 하나님께서 아담과 하와를 한 가정으로 엮어 주시면서 아담과 하와가 하나가 된다고 말씀하신 것입니다. 남자와 여자가 합해서 하나가 된다는 것은 남자와 여자가 평등한 관계 가운데 있다는 뜻입니다. 따라서 창세기 1장 26절과 27절 그리고 창세기 2장에 나오는 말씀을 볼때 기독교는 처음부터 가부장적이지 않았습니다. 그러므로 창세기를 바로 읽는 사람이라면 "기독교가 가부장적이다"라고 말 할 수 없습니다. 성경을 잘 연구한 옛날 교부들이나 성경을 잘 이해한 종교개혁자들도 "인간은 서로 평등하다"라는 사상을 견지합니다. 창조의 원리에 의하면 남자와 여자가 평등한 관계에 있을 때 사람이라는 존재가 성립됩니다. 이렇게 인간은 하나님과의 관계에서는 하나님의 형상이라는 신분을 가지며, 사람과 사람 사이에서는 사람이라는 신분을 가지는 것입니다.

(3) 통치자

셋째로, 사람은 다른 존재들, 동물이나 아니면 사물, 이런 만물과의 관계에서는 어떤 신분을 가질까요? 인간은 만물에 대하여 왕이라는 신분을 가집니다. 창세기 1장 26절과 28절을 보게 되면 이렇게 말씀합니다. "그들로 바다의 물고기와 하늘의 새와 가축과 온

땅과 땅에 기는 모든 것을 다스리게 하자"(26절). 28절도 말합니다. 하나님께서 남자와 여자를 창조하시고는, "하나님이 그들에게 복을 주시며 그들에게 이르시되 생육하고 번성하여 땅에 충만하라, 땅을 정복하라 조금 더 나가면 모든 생물을 다스리라"고 말씀하십니다. 26절과 28절에 두 번 "다스리다"라는 말이 나옵니다. 인간이 만물에 대하여 가지는 신분은 왕 또는 통치자라는 하는 신분입니다. 그래서 인간이 하나님을 대신해서 만물을 다스리고, 만물을 이끌어가고, 만물을 선도하여, 만물이 처음부터 질서를 잡게 되었습니다. 만물 스스로 질서를 세운 것이 아닙니다. 하나님께서는 인간을 창조하시기 이틀 전에 하늘에 해, 달, 별을 창조하셨습니다. 그러면 해, 달, 별은 저절로 돌아갈까요? 성경에 의하면, 해와 달과 별이 계속 질서 있게 운행하는 것은 그냥 하나님이 만드셨기 때문이 아니라는 것입니다. 일월성진이 하나님의 창조물이기 때문에 그냥 자동적으로 도는 것이 아닙니다. 그것들은 인간과 함께 존재하기 때문에, 인간이 있기 때문에 질서 있게 운행한다는 것입니다. 예를 들어, 봄철 되면 개구리가 펄쩍 뛰고, 여름 되면 모기가 앵앵거리고 다니며, 가을철에는 참새가 후르르 날아다니는 것은 그냥 하나님이 만드셨기 때문이 아닙니다. 봄에는 개구리가 펄쩍 뛰고, 여름에는 모기가 앵앵 울고, 가을에는 참새가 짹짹 우는 것은 하나님이 인간을 통해서 그것들을 다스리시기 때문입니다. 다시 말해서, 인간이 존재한다는 전제 하에 그것들이 질서 있게 움직이다는 말입니다. 그러니까 하나님이 인간을 만들면서 이 모든 것들을 다스리라고 말씀하시는 겁니다. 인간은 처음부터 만물의 왕입니다.

그런데 우리는 왕이라는 말을 오해해서는 안 됩니다. 자칫하면 사람이 만물의 왕이니 모든 것을 멋대로 해도 되는 것처럼 행동할 수 있기 때문입니다. 내가 왕이니까 나무도 잘라다가 다 태워버리고, 열매도 무분별하게 수확해 버리고, 산토끼도 다 죽이고 집토끼도 다 잡아먹어도 된다는 오해입니다. 내가 왕인데 내 멋대로 하면 안 돼냐는 생각입니다. 그러나 멋대로 하는 것은 왕이 아니라 폭군이에요. 하나님이 인간에게 다스리라고 하신 말씀은 폭군이 되어서 착취하고 약탈하고 그리고 파괴하라는 뜻이 아닙니다. 하나님은 사람을 그런 폭군으로 세운 것이 아닙니다. 오히려 하나님은 사람을 만물의 왕으로 세워서 만물을 잘 지키도록 하시는 것입니다. 사람은 만물이 망가지지 않도록 지켜야 합니다. 단순히 만물을 지킬 뿐만 아니라 더 중요한 것은 만물을 가꿔야 합니다. 만물을 잘 가꿔서 하나님께서 주신 만물창조의 뜻이 완벽하게 드러날 수 있도록 역할을 해야 합니다. 사람은 만물을 가꿀 뿐만 아니라 만물이 제 뜻을 완전히 드러내도록 도와야 합니다. 풀이 가장 아름다운 모습을 내도록, 새가 가장 아름답게 울도록 말입니다. 만물이 본질적으로 갖고 있던 것을 완벽하게 드러날 수 있도록 돕는 역할을 누가 하냐 하면 바로 왕인 사람이 한다는 뜻입니다. 그래서 하나님이 사람을 왕으로 세웠다하는 말은 폭군으로 세웠다는 뜻이 아니라 선군 또는 선왕으로 세웠다는 뜻입니다. 사람은 만물 전체가 제대로 질서를 잡고 그리고는 본유의 성격들을 드러내도록 만드는 왕입니다.

그래서 하나님이 만물을 다스리라고 말씀하시는 것은 망가뜨리라는 말이 아니라 만물을 잘 보존하고 가꿔서 가장 높은 뜻이 드러나 하나님께서 영광을 받도록 해야 한다는 뜻입니다. 그러니까 이 말은 하나님이 우주라는 극장을 만드신 다음, 천장에다가는 해와 달과 별 같은 조명을 달고, 무대에는 에덴동산이라는 배경을 설치하시고, 거기에 주연으로 아담과 하와를 세워놓았습니다. 그리고 소품으로는 선악을 알게 하는 나무, 생명나무, 그 외에 네 갈래로 흐르는 강들을 만들어 놓으셨습니다. 우주라는 극장에서 아담과 하와가 무대에 올라가 보니까 아무도 없는 썰렁한 상태가 아니었습니다. 극장 안에는 관객이 가득 차 있습니다. 그 관객이 누구냐 하면 풀, 꽃, 메뚜기, 토끼, 호랑이 이런 것들입니다. 그들이 아담과 하와가 주연으로서 우주의 극장에서 하나님께 영광의 노래 부를 때 다 같이 박수를 치면서 함께 어우러져서 하나님께 영광을 돌리는 환호성을 지릅니다. 아담과 하와가 주연으로 역할을 감당하는 것이 전부가 아니라, 거기에는 동물세계, 식물세계, 심지어는 사물들까지도 관객으로 참여해서 하나님께 영광을 돌립니다. 이렇게 하나님의 극장을 이끌어가는 것이 사람이 왕으로서 하는 역할입니다. 우주라는 놀라운 극장에서 인간이 왕으로서 만물을 이끌고 하나님 앞에 영광을 돌리는 것입니다.

정리해 보겠습니다. 하나님은 창조에서 인간을 만드시고는 세 가지 신분을 주셨습니다 첫째로 하나님과의 관계에서는 하나님의 형상이라는 신분을 주셨습니다. 둘째로 남자와 여자의 관계에서는 사람이라는 신분을 주셨습니다. 셋째로 만물과의 관계에서는 왕이라는 신분을 주셨습니다. 그러니까 인간은 처음에 창조될 때부터 세 가지 신분을 갖고 창조된 것입니다. 이것을 잊어버리면 안 됩니다. 하나님이 인간을 창조하셨습니다. 사람을 창조하시고는 마음대로 살라고 하지 않고 하나님과의 관계에서는 하나님의 형상이라 부르시고, 인간들 사이에서는 사람이라고 부르시고, 만물과의 관계에서는 그것을 다스리고 통치하는 왕이라는 세 가지 신분을 주셨습니다. 창조된 인간은 이렇게 놀라운 영광을 얻었습니다. 인간은 창조가 되었을 때 피조물로서 이런 세 가지 신분을 갖게 되었습니다.

2. 타락한 인간

그런데 문제가 발생하였습니다. 바로 이렇게 세 가지 신분을 가진 영광스러운 인간이 타락했다는 사실입니다. 타락을 하면서 동시에 가지고 있었던 영광도 송두리째 상실하고 말았습니다. 하나님과의 관계에서도, 사람과 사람과의 관계에서도, 만물과의 관계에서도 이 모든 영광을 한꺼번에 다 잃어버리게 된 것입니다. 타락이란 무엇입니까? 한 마디로 말하면, 타락이라는 것은 하나님 외에 다른 것에 귀를 기울인 것입니다. 하나님 아닌 다른 것에 귀를 기울인 것이 타락입니다. 그게 바로 창세기 3장에 나오는 이야기입니다. 사람은 오직 하나님께 마음을 두어야 하는데, 하나님 아닌 다른 것에 귀를 기울여서 하나님 아닌 다른 것에 마음을 두었습니다. 이렇게 볼 때, 타락에는 단계가 있음을 알 수 있습니다. 첫째, 귀를 빼앗깁니다. 둘째, 귀를 빼앗기면서 하나님의 말씀에 불순종합니다. 셋째, 하나님을 신뢰하지 않고, 하나님 아닌 다른 것을 신뢰해 버립니다. 타락은 어떤 타락이든지 똑같은 패턴을 갖고 있습니다. 첫째로 다른 것에 귀를 빼앗깁니다. 누가 와서 속닥거리면 지금까지 알고 믿고 왔던 것들을 싹 접고 그 뒤로는 속닥거리는 이야기에 귀를 기울입니다. 그 다음에는 귀를 빼앗깁니다. 귀를 빼앗기고 나니까 지금까지 순종하던 대상에 대하여 순종하지 않습니다. 순종하지 않을 뿐만이 아니라 이제는 그 대상을 믿지도 않습니다. 그래서 아담의 타락을 살펴보면, 타락이라는 것은 다른 것에 귀를 빼앗기고, 하나님의 말씀에 순종하지 않고 , 결국은 하나님을 신뢰하지 않는 것임이 드러납니다. 아담이 그렇게 되었습니다.

  아담의 타락으로 어떤 결과가 일어났을까요? 아담의 타락은 아담으로만 끝나는 것이 아니라 그의 자손들에게도 그대로 전가 되고 말았습니다. 로마서 5장에서 "아담의 범죄로 말미암아 우리 모두가 범죄했다"고 말씀합니다. 그래서 아담과 우리는 모두다 범죄한 것입니다. 마치 어떤 사람이 유전적으로 새끼손가락이 좀 짧으면 그 자녀들이 유전적으로 새끼손가락이 짧은 것과 똑같습니다. 아담의 범죄가 그 자손들에게 물려지는데, 대표적으로 그것을 잘 보여준 것이 가인이고, 그 다음에 그 후손인 라멕, 그리고 그 이하 노아의 홍수와 바벨탑 사건입니다. 아담의 범죄가 유전된다는 것이 계속 증명된 것입니다. 아담의 범죄는 아담으로 끝나는 것이 아니라 유전되어 결국은 모든 인류가 다 아담의 범죄 가운데 들어가게 되었습니다. 로마서 5장 12절에 보게 되면 "아담 한 사람이 범죄 했지만 그로 말미암아 죄가 세상에 들어와서 모든 사람이 범죄했다"고 말씀합니다.

1) 위치 상실

범죄의 결과는 무엇일까요? 첫째로 인간은 범죄로 말미암아 위치를 상실하게 되었습니다. 인간은 하나님과의 관계에서 중간자라는 위치에 있었습니다. 즉, 인간은 하나님의 것을 만물에게 전달하고 만물의 것을 하나님께 전달하는 자리에 놓여 있었습니다. 그런데 타락과 함께 인간에게 두 가지 좋지 않은 현상이 나타나게 되었습니다. 어떻게 나타났느냐 하면 여전히 중간자인 것처럼 보이는데 나쁜 중간자가 되었다는 것입니다. 전에 창조의 상태에서는 사람이 하나님의 영광을 만물에게 전달해 주고, 만물의 찬송을 하나님께 돌리는 중간자의 역할을 했는데, 이제 타락을 하고 난 다음부터는 사람이 자기가 하나님이 되고 싶거나 짐승이 되고 싶어 합니다.

(1) 하나님이 되려 함

첫째로 타락한 이후 인간이 중간자는 중간자인데 어떤 중간자냐 하면 자기가 신이 되고 싶은 중간자입니다. 하나님의 것을 만물에게 가져오는 것이 아니라 자기가 하나님의 자리를 넘 봅니다. 그래서 하나님의 자리로 올라가고 싶어 합니다. 이런 모습을 가장 잘 보여준 것이 이사야 14장 14절에 나오는 계명성입니다. 계명성은 누구를 가리키느냐 하면 바벨론 왕입니다. 계명성이 빛을 점점 발휘하여 북극의 보좌를 차지하면서 자기가 하나님의 자리에 올라가겠다고 벼릅니다. 그리고는 하나님께 도전합니다. "저리 비키시오. 이제부터 내가 하나님 자리에 올라가겠습니다." 바벨탑 사건이 하나님 자리로 올라가겠다는 것을 악한 시도를 보여 줍니다. 인간이 본래는 하나님의 것을 만물에게 전달해야 하는데, 오히려 바벨탑을 쌓아 하늘까지 올라가보자, 하나님의 자리를 넘보자 도전합니다. 대와 탑을 높이 쌓아 하나님의 자리로 올라가자며 하나님의 자리를 넘봅니다. 이것을 가장 명확하게 설명한 사람이 사도 바울입니다. 데살로니가후서 2장 4절에 보면 사도 바울은 사탄을 추종하는 미혹자들과 거짓 교사들 가운데 하나님의 성전에 들어가서 자기를 내세워 하나님이라 부른다고 지적합니다. 그들이 하나님의 자리를 넘본다는 겁니다. 이것은 오늘날 우리에게도 마찬가지입니다. 하나님의 자리를 넘본다는 말은 이런 뜻입니다. 본래는 하나님이 나에게 생명을 주시고 나에게 인생을 주셨기 때문에 하나님이 나에게 주신 인생을 항상 겸손하게 받고 그것을 하나님의 뜻대로 활용해야 합니다. 그런데 그렇게 하지 않고 "하나님 비키세요. 이건 내 인생이에요. 내 것은 내 거예요. 내 것은 내 거니까 내 마음대로 할 거예요" 부르짖으면서 하나님을 제키고 자기 인생을 자기가 살려고 하면 그게 바로 하나님의 자리를 넘보는 것이

라는 뜻입니다. 이와 같이 타락한 첫 번째 현상은 중간자가 도리어
하나님이 되려고 하는 것입니다.

(2) 짐승이 되려 함

그런데 타락의 두 번째 현상은 자기가 하나님이 되려고 할 뿐만
아니라 이번에는 자기가 짐승처럼 되고 싶어 합니다. 그런 사람들
은 이렇게 외칩니다. "인간이 무슨 하나님의 형상이야? 인간이 무
슨 사람이야? 인간이 무슨 왕이야? 그런 신분을 가지고 살려니까
너무나 부담스러워. 하나님의 형상으로 살려니까 거룩해야 하고,
하나님의 형상으로 살려니까 의로워야 해. 그건 너무 부담스러운
일이야." 또한 그런 사람들은 이렇게 외칩니다. "사람으로 살려니
까 남을 배려해야 하고 남을 보살펴야 해. 그것은 귀찮은 일이야.
남자는 여자를 배려하고 여자는 남자를 배려하는 관계를 유지해
야 돼." 게다가 그런 사람들은 이렇게 외칩니다. "만물의 왕으로 살
려니까 힘이 벅차. 이것들을 다 가꿔줘야 하고, 잘 자라게 돌봐야
하니 힘들어 죽겠어." 그래서 사람은 타락하면서 중간자의 위치를
다 버리고 자기가 그냥 동물이 되어버리고 맙니다. 그래서 사람은
점점 짐승의 본능을 따라 살게 되었습니다. 유다서 10절에서 이렇
게 말씀하고 있습니다. "하나님의 교회를 유혹하는 자들은 짐승의
본능대로 행한다." 그들은 짐승의 본능대로 삽니다. 그래서 타락

한 사람들에게 나타나는 가장 첫 번째 특징은 잔인해진다는 것입니다. 가인이 자기 동생 아벨을 죽였습니다. 그러나 잔인해서 양심에 가책이 없습니다. 라멕이 사람을 죽였습니다. 그리고는 도리어 그것을 자랑합니다. 타락한 인간은 살인을 자랑할 정도로 잔인하게 변합니다. 잔인해지면 동시에 용서할 줄도 모릅니다. 다른 사람들을 용납하거나 받아들이지 않습니다. 모든 사회성이 다 깨어진 채, 인간에게는 동물의 본능만 남아 있게 되었습니다.

본능만 남은 인간에 대한 가장 대표적인 모습이 오병이어 표적에서 확인할 수 있습니다. 예수님께서 어느 날 갈릴리 평야에서 오병이어 표적을 보여 주셨습니다. 어린아이가 가져온 보리 떡 다섯 개와 물고기 두 마리를 가지고 남자만 오천 명 되는 사람들을 먹이셨습니다. 그랬더니 사람들이 깜짝 놀랐습니다. 많은 사람들이 예수님께 나아 왔습니다. 그때 예수님께서 그 사람들에게 말씀하셨습니다. "너희가 나를 찾는 것은 표적을 보았기 때문이 아니라 떡을 먹고 배불렀기 때문이다"(요 6:26). 무슨 말씀이냐 하면 예수님이 오병이어의 표적 때문에 따라오는 사람들을 보면서 사람으로 보이지 않고 먹을 것만을 추구하는 짐승, 배만 부르면 만족하는 그런 존재로 보셨던 것입니다. 예수님 앞에 나온 사람들이 다 타락한 짐승의 본능을 보이고 있었다는 의미입니다. 이것이 타락의 현상입니다.

2) 관계 상실

인간은 타락한 이후 첫째로 중간자의 위치를 상실합니다. 그러면서 동시에 중간자의 위치만 상실하는 게 아니라 관계도 상실해 버리고 말았습니다.

(1) 하나님과의 관계 상실

타락한 인간은 하나님과 여태까지 맺고 있던 관계가 단절이 되고 말았습니다. 타락이란 하나님과 긴밀한 관계를 맺고 살아야 할 인간이 그 관계를 끊어 버린 것을 의미합니다. 하나님과의 관계가 깨진 겁니다. 에베소서 2장 12절을 보면, 사도 바울이 이렇게 말합니다. "너희가 하나님 없는 자가 되었다." 인간은 하나님과의 관계를 회복할 수 있는 여지가 사라지고 말았습니다. 그래서 인간은 완전히 하나님과 떨어진 존재가 되었습니다. 사도 바울은 이 현상을 가리켜, 모든 인간이 범죄하여 하나님의 영광에 이르지 못하게 되었다고 말합니다(롬 3:23). 이제 범죄한 인간은 하나님의 영광에 가지 못하고 하나님 영광에서 떨어진 그런 존재가 되었습니다. 하나님과의 관계가 완전히 단절되어 연약한 자리에 놓이고, 죄인이 되고, 심지어는 하나님과 원수가 되었습니다. 사도 바울이 로마서 5장 10절에서 한 말입니다. 타락한 인간의 최종 상태는 하나님과 원수가 된 것입니다. 원래 인간이 창조되었을 때는 하나님의 형상이기 때문에 하나님이 기뻐하는 대상이었습니다. 보기에 심히 좋은 대상이었습니다. 그런데 인간이 타락하고 난 뒤에는 하나님이 아주 보기 싫어 하시는 원수가 되고 말았습니다. 그 관계가 완전히 바뀌고 말았습니다. 창조되었을 때는 하나님이 보기 좋은 존재였는데, 타락하고 난 다음부터는 하나님과 원수가 되었습니다. 인간은 하나님이 보시면 아주 혐오스러운 증오가 일어나는 그런 대상이 되었습니다. 인간이 왜 하나님의 원수가 되었냐 하면 하나님과 완전히 단절되었기 때문입니다. 하나님을 만날 생각이 사라져 버리고, 하나님을 몰아내고, 하나님에 대한 생각조차 갖기를 거부해 버렸습니다. 완전히 하나님을 다 버리고 말았습니다. 그 결과, 남은 것은 오직 하나뿐입니다. 하나님을 완전히 배척해 버리고, 자기에 대한 사랑, 자아(자기애)만 남게 되었습니다.

특별히 이런 현상은 계몽주의에서 강하게 나타납니다. 1600년대 쯤 들어올 때부터 역사에는 계몽주의라는 것이 시작이 되었습니다. 계몽주의란 꿈에서 깨어나게 한다는 뜻입니다. 어둠에 있던 사람에게 빛을 주어 밝은 자리로 인도한다는 의미입니다. 계몽주의에서 바라볼 때 꿈이나 어둠은 곧 종교를 말하고 있습니다. 종교라는 것은 환상이고 흑암이다. 그래서 종교라는 꿈과 어둠에서 나와서 이제부터는 인간 중심으로 모든 것을 살라는 것입니다. 이런 사상을 가지고 등장한 사람이 유명한 프랑스의 철학자 데카르트라는 사람입니다. 데카르트가 내세운 명제는 다음과 같은 말로 매우 간단합니다. "나는 생각한다. 그러므로 나는 존재한다." 이 말을 가만히 분석해보면 모든 것을 자아("나")에 걸고 있습니다. 생각하는 것도 자아이고, 존재하는 것도 자아입니다. 여기에 하나님은 들어설 자리가 없습니다. 계몽주의가 세력을 떨치면서 하나님에 대한 생각을 다 몰아내고 자아에 대한 생각만 남았습니다.. 자기가 생각하는 것만 있는 것이고, 자기가 생각하기 때문에 존재하는 것이고, 그래서 나 밖에 없습니다. 하나님에 대한 모든 것을 다 밀어내고 말았습니다. 이게 바로 타락입니다. 타락은 하나님과 관계가 완전히 단절되고만 것입니다.

(2) 짐승이 된다

그런데 하나님과 관계가 단절되면 그 다음에 찾아오는 일이 있습니다. 그것은 인간이 짐승이 되고 만다는 것입니다. 중간자 입장에서 볼 때, 하나님과 관계가 단절되면 인간이 굉장히 고상하게 되는 것처럼 보이지만 절대로 그렇지 않습니다. 인간은 하나님을 떠나는 순간 고상해지기는커녕 도리어 짐승 쪽으로 가버리고 맙니다. 짐승 쪽으로 가서 짐승을 사랑하고 짐승을 섬기고 짐승으로 여깁니다. 그 대표적인 예가 바로 출애굽 한 이스라엘 백성들이 광야에서 우상으로 송아지를 만든 사건입니다. 송아지 우상 사건은 머리로 잘 이해가 안 되는 일입니다. 이스라엘 백성들은 이집트에서 나올 때 열 개의 이적을 보았습니다. 하나도 아니고 세 개도 아니고 열 개의 이적을 보았습니다. 장자의 이적까지 열 개를 봤고 그러고는 홍해 앞에서 홍해가 갈라지는 것을 보았습니다. 그리고 홍해를 건너와서 마라의 쓴 물이 바뀌는 이적을 경험하였습니다. 먹을 게 없을 때 하나님께서 만나를 내려주시고, 마실 게 없을 때 반석에서 물을 내주는 이적을 보았습니다. 이집트 땅에 있을 때 열 개의 이적을 보았습니다. 홍해를 건너기 전에 불기둥과 구름기둥을 보았습니다. 홍해가 갈라지는 것을 보았습니다. 홍해를 건너자마자 마라의 쓴 물이 단 물로 바뀐 것을 보았습니다. 하나님이 반석에서 물이 나게 하시고 만나와 메추라기를 주셨습니다. 아마도 우리 같으면 이 모든 것을 본 다음에 믿음이 굉장히 좋아졌을 겁니다. 이런 놀라운 일들을 경험했으니까 말입니다. 그러나 그렇지 않습니다. 우리도 이스라엘 백성과 똑같습니다. 우리도 절대로 이런 것을 본다고 해서 믿음이 좋아지지 않습니다. 이 모든 이적을 경험한 상태에서, 모세가 하나님의 율법을 받으러 올라가서 사십 일 동안 눈에 안보이자마자 이스라엘 백성은 신을 만들자고 외치면서 신도 사람도 아닌 송아지의 형상을 만들었습니다. 이것이 중요합니다. 송아지의 형상을 만들어 경배했다는 것은 인간이 하나님을 떠나면 바로 그 순간 짐승으로 떨어진다는 것입니다. 로마서 1장 23절에서 본 것처럼 인간은 우상을 만들 때, 사람의 형상, 하늘에 나는 새, 땅에 뛰어 다니는 동물, 기어다니는 벌레 모양을 만듭니다. 신을 만들 때, 어떤 때는 산에다 어떤 때는 바다에다, 어떤 때는 금이나 쇠로 어떤 때는 돌이나 나무로 형상을 만듭니다. 그리고는 그것이 마치 신인 것처럼 섬깁니다. 인간은 하나님에게서 관계가 단절되는 바로 순간 인간이라는 존재로 남는 게 아니라 짐승으로 떨어지고 맙니다.

  이 때문에 하나님께서 십계명을 주시면서 다른 신을 섬기지 말라고 말씀하시는 중에 하늘에 있는 것들이나 땅에 있는 것들이나 땅 아래 있는 어떤 물고기 형상이라든지 만들지 말라고 경고하신 것입니다. 하나님을 안 섬기면 바로 어디로 가느냐 하면 새, 동물, 물고기 형상으로 가버리니까 십계명에서 그 말을 한 것입니다. 인간이 타락하면 항상 이런 동물을 섬깁니다. 하나님께서 모세에게 십계명을 주시면서 하늘에 있는 새나, 땅에 있는 어떤 동물이나 또는 바다의 물고기 형상을 만들지 말라고 말씀하신 것은 아무렇게 말씀하신 것이 아니라 이스라엘 백성이 이집트에서 이미 본 것을 말씀하신 것입니다. 이집트 사람들에게 동물이 곧 신이었습니다. 그들은 늑대를 신으로 섬기고 코브라를 신으로 섬겼습니다. 그 가운에 아주 중요한 신은 벌레였습니다. 이집트에서는 말똥구리 벌레를 신으로 섬겼습니다. 왜냐하면 이집트 사람들이 하늘을 관찰해 보니까 해가 동쪽에서 떠서 서쪽으로 지는데 해가 저절로 가는 것 같지 않고 그 뒤에서 누군가가 해를 굴리는 것처럼 보였기 때문입니다. 하늘에서 뭐가 해를 굴릴까 생각하는데, 마침 땅바닥에서 말똥구리가 말똥을 굴리고 있는 모습을 발견하게 됩니다. 앞발은 물구나무서고 뒷발로 밀면서 말입니다. 이 모습을 지켜본 이집트 사람들 머릿속에 태양이라는 말똥을 우리 눈에는 안 보이지만 거대한 말똥구리가 굴리고 있다는 생각이 들었습니다. 다시 말해서 말똥구리 신이 매일 태양을 동에서 서로 나른다는 것으로 이해하였습니다. 그래서 그들은 말똥구리를 신을 섬겼습니다. 따라서 이집트 사람들에게는 말똥구리 벌레가 굉장히 중요한 신이었습니다. 태양을 움직이는 신이라 생각했기 때문입니다. 그러니까 이집트 땅에서 사백 삼십 년이나 오랫동안 살았던 이스라엘 백성들은 자기들도 모르게 이집트 사람들의 타락한 본성을 닮아서 코브라 신, 늑대 신, 말똥구리 신을 섬길 수 있는 성향을 가지게 된 것입니다. 하나님께서 이 성향을 아셨기 때문에 십계명에서 하나님 외에는 다른 신을 두지 말라, 하나님 외에 다른 신의 형상을 만들지 말라고 경고하시면서, 하늘의 새, 땅의 동물들, 바다의 물고기를 만들지 말라고 말씀하신 것입니다. 인간은 하나님을 섬기지 않으면 그 순간 짐승을 섬깁니다.

오늘날도 마찬가지 입니다. 인간이 하나님을 안 섬기면 무신론자가 될까요? 세상에 무신론자는 없습니다. 신이 없다고 생각하거나 신을 믿지 않는 사람은 없습니다. 하다못해 운명을 믿든가, 점을 믿든가, 무엇이든 믿습니다. 인간은 무신론자가 없습니다. 모든 인간에게는 종교성을 가지고 있기 때문입니다. 사도 바울이 사도행전 17장 22절에서 아데네의 아레오바고에서 설교를 하면서 아데네 사람들을 가리키면서 "범사에 너희가 종교성이 많도다"고 말했던 것을 기억합니다. 모든 인간은 영원에 대한 흔적을 갖고 있어서 자기도 모르게 뭔가를 섬기는 그런 성격을 갖고 있습니다. 따라서 하나님을 안 섬기면 짐승을 섬기도록 바로 전락해 버립니다. 어떻게 보면 짐승보다도 못한 벌레까지 섬기는 것이 되고 맙니다. 그래서 인간의 타락은 하나님과의 관계에서 중간자라는 위치를 완전히 파괴하고, 어떤 때는 하나님이 되려고 하거나 아니면 짐승으로 떨어져 버리는 것입니다.

3) 신분의 상실

타락한 결과 어떤 문제가 생겨지냐 하면 신분에도 영향이 옵니다. 처음에 이야기했던 것처럼 창조의 신분은 세 가지였습니다. 인간은 하나님의 형상, 사람이라는 신분 그리고 만물에 대해서는 왕이라는 신분을 갖고 있었습니다. 그러나 타락하면서 이 세 가지 신분에 바로 상실이 옵니다. 더 이상 하나님의 형상도 아니고 사람도 아닙니다. 우리가 자주 악인을 가리켜 "짐승 같은 놈" 하고 말하는 것은 우리가 이 사실을 스스로 알고 있다는 것을 보여줍니다. "짐승 같은 놈"이라고 부를 때 인간은 타락한 순간 벌써 인간이 아니라는 뜻입니다. 그리고 타락하면 인간은 더 이상 만물을 다스리는 존재가 아니라 도리어 만물로부터 공격을 받습니다. 그래서 가인에게 그랬던 것처럼 타락하면 반드시 땅이 반란을 일으킵니다. 전에는 땅이 농사를 지면 농사를 지는 데로 열매를 줬는데, 이제부터는 엉겅퀴와 가시가 나서 땀을 흘려도 그에 대한 댓가가 정확하게 주어지지 않습니다. 땅이 반란을 일으킨 것입니다. 만물이 모두 인간을 공격합니다. 그래서 가인이 아벨을 죽이고 난 다음에 이렇게 말합니다. "하나님! 저를 만나는 자들이 저를 죽일까 두렵습니다." 어떤 사람들이 이 말에 대해 이런 질문을 하곤 합니다. "아담, 하와, 그리고 가인, 아벨 넷이 살았는데, 가인이 아벨을 죽인 후에는 아담, 하와, 가인만 남았잖아요. 그런데 누가 가인을 만나 죽인단 말이지요? 이건 성경이 잘못된 것이다." 하지만 이렇게 말하는 것은 정말 성경을 모르는 사람입니다. 왜냐하면 가인이 아벨을 죽이고 난 다음 가인을 대적하는 것은 땅, 풀이 동물이 가인을 대적합니다. 해는 뜨거움을 주고, 동물고 달은 차가움을 주고 일기 변화가 생겨서 모든 것이 가인을 대적하는 존재가 되었습니다. 그래서 가인이 "나를 만나는 자가 나를 죽일까 합니다"라고 말했을 때, "나를 만나는 자"라는 것은 만물이 다 가인을 대적한다 그런 의미입니다. 왜 그렇습니까? 인간이 타락하면서 중간자의 위치를 버리는 순간 모든 것이 반란을 일으키기 때문입니다. 땅도 반란을 일으키고, 식물도 반란을 일으키고, 동물도 반란을 일으켜, 결국은 가인이 이 모든 것을 견딜 수 없는 존재가 되었다는 말입니다. 타락의 결과로 만물이 인간의 원수가 되었습니다.

3. 구속된 인간

하나님께서 이렇게 타락한 인간을 구속을 시켜주셨습니다. 예수님을 이 땅에 보내서 십자가의 보혈로 인간에게 회복을 가져다 주신 것입니다. 그러니까 사람이 구속된다는 것은 타락한 상태에서 저절로 되는 것이 아니라, 하나님께서 그 아들 예수님을 보내셔서 십자가에서 죽는 보혈의 은혜로 말미암아 구속이 되는 것입니다. 그런데 인간은 모두가 구속이 되는 게 아닙니다. 타락 이후 구속의 사건이 오면서 인류가 둘로 나뉘게 됩니다. 하나는 구속을 받은 인간이고, 하나는 구속을 받지 못한 인간입니다. 다시 말해서,

예수님을 믿어서 구속을 받는 인간이 한 부류이고, 끝끝내 예수를 믿지 않아서 구속받지 않는 인간이 한 부류입니다. 구속받지 않는 인간은 끝끝내 타락한 존재로 남기 때문에 더 이야기 할 필요가 없습니다. 우리의 관심은 구속받은 인간에 있습니다. 그러면 구속받은 인간이란 무엇입니까? 구속받은 인간도 역시 세 가지로 설명할 수 있습니다.

1) 위치의 회복

첫째로, 구속받은 사람은 다시 위치를 회복합니다. 무슨 위치가 회복이 되느냐면 중간자의 위치가 회복이 된 것입니다. 처음에 창조했을 때, 창조하신 하나님과 피조된 인간 그리고 함께 창조된 만물 그 사이에 인간이 껴 있었는데, 구속을 받으면 이 중간자의 위치가 다시 회복이 되어 하나님과 만물 사이 그 중간에 서게 됩니다. 우리 개인뿐 아니라 특별히 개인이 모여 덩어리를 이루는 교회가 중간자의 위치에 섭니다. 그래서 에베소서 1장 22절과 23절을 보면, 하나님께서 교회를 하나님과 만물 사이에 중간자를 세워서, 한편으로는 교회가 하나님을 대표해서 만물에게 은혜를 전달하는 기관이 되고, 다른 한편으로는 교회가 만물의 신음소리를 하나님께 전달하는 대표적인 역할을 합니다. 구속받은 개인들의 덩어리 곧 교회가 하나님과 만물 사이에 있는 중간자가 됩니다. 그러면 교회는 중간자가 되어 무슨 일을 할까요? 첫째로 하나님에 대해서 하나님의 영광을 표현하는 기관이 됩니다. 모든 교회의 첫째 특징은 중간자로서 하나님께 예배하고 하나님께 영광을 돌리고 하나님을 기뻐하고 하나님을 바라보는 이 중간자의 위치를 갖는 것입니다. 둘째로 만물에 대해서 교회는 만물이 제대로 길을 갈 수 있도록 만물에게 존귀함을 선물합니다. 만물은 지금까지 엉망진창으로 있었습니다. 그런데 하나님께서 인간을 구속해서 구속받은 인간이 교회를 이루는 순간, 그 때부터 교회로 말미암아 만물이 다시 길을 찾게 됩니다. 만물이 교회로 말미암아 길을 찾게 되었다는 굉장히 놀라운 이야기입니다. 에베소서 1장 22절과 23절은 우리에게 이 놀라운 이야기를 전해줍니다. 교회가 없으면 하나님과 만물 사이의 중간자를 잃게 된다고 말합니다. 교회라는 것은 지역교회든지 보편교회든지, 그냥 모여서 예배를 드리고 우리끼리 즐거워하고 교제 나누고 사랑하고 전도하고 복음 전하는 기관으로 끝나는 것이 아닙니다. 그것은 교회의 한 면입니다. 교회가 가지는 또 하나의 면은 교회가 있어야만 전 우주가 자리를 잡는다는 것입니다. 이것이 사도바울이 우리에게 알려주는 교회론입니다. 이것을 우주론적 교회론이라고 부를 수 있습니다.

우주론적 교회론이란 우주는 교회가 없으면 존재의 의미가 없다는 것입니다. 그렇습니다. 교회가 있기 때문에 우주가 평안합니다. 교회가 있기 때문에 우주가 질서를 잡습니다. 교회가 있기 때문에 우주가 하나님 앞에 나아갈 수 있는 길을 얻습니다. 하나님이 교회를 만물 위에 두셔서 만물이 하나님 앞에 나올 수 있는 길을 열어주십니다. 이것이 교회의 모습입니다. 교회가 얼마나 중요하냐면 교회가 없으면 우주가 없다는 것입니다. 이것은 굉장히 중요한 이야기입니다. 보통 우리는 교회가 있든 없든 하늘에 태양이 제대로 돌겠지 생각합니다. 하지만 그렇지 않습니다. 하나님께서 교회를 얼마나 중요하게 생각하시냐 하면, 우주가 운행되고 풀 한포기 메뚜기 한 마리가 뛰는 것까지도 다 교회와 관계 속에서 움직이게 하신다는 것입니다. 이게 사도 바울이 에베소서에서 말해주고 있는 우주론적 교회론입니다. 교회는 하나님과의 관계 속에서 그리고 우주와의 관계 속에서도 있습니다. 이렇게 구속된 인간은 중간자의 위치를 회복합니다.

2) 관계의 회복

둘째로, 구속받은 인간은 다시 관계를 회복합니다. 구속받은 사람은 위치만 회복하는 게 아니라 관계도 회복합니다.

(1) 하나님과의 관계 회복

먼저 구속받은 사람에게는 하나님과의 관계가 회복됩니다. 타락 후 사람이 지금까지는 하나님과 단절 되어 하나님의 영광에 이르지 못하는 그런 존재였는데 구속으로 말미암아 하나님과의 관계가 회복됩니다. 예수님의 십자가 죽으심 사건으로 하나님과 인간은 화목하게 됩니다. 사도 바울은 이것을 가리켜 중간에 막혔던 담을 헐었다는 말을 사용합니다. 이것도 역시 에베소서에 나오는 말입니다(엡 2:14). 로마서 5장 1절에 보면 사도 바울은 "우리가 믿음으로 의롭다 함을 얻었은즉 하나님과 화평을 누리자"고 말합니다. 하나님과 화평을 어떻게 누리냐 하면 예수님의 십자가에 보혈로 말미암아 누린다는 겁니다. 우리는 하나님과 다시 관계가 맺어져 하나님과 화평을 누리게 됩니다. 십자가에 의해서만 가능합니다. 예수님이 보혈을 흘리신 이 사건은 우리가 죄를 용서 받았다는 것으로 끝나는 것이 아니라 하나님과의 관계가 회복이 된 것으로 나아갑니다. 하나님과의 관계가 회복이 돼서 하나님이 우리에게 올 수 있는 길이 열리고, 우리가 하나님을 만날 수 있는 길이 열렸다는 것이 화평의 개념입니다.

(2) 인간과의 관계 회복

또한 구속받은 사람은 하나님과의 관계를 회복할 뿐만 아니라 사람의 관계도 회복합니다. 처음에 하나님께서 인간을 만드실 때 사람을 남자와 여자를 만드셨다고 했는데, 이 말은 인간을 처음부터 사회적 존재로 만드셨다는 것을 의미합니다. 인간은 사회성을 가지도록 만들어졌기 때문에 인간은 혼자 인간일 수가 없습니다. 언제나 옆에 하나님이 계셔야 하고 동시에 만물이 있어야 합니다. 또한 사람은 남자와 여자라는 사회성을 가져야 합니다. 남자와 여자는 사회성을 가져야 된다는 것입니다. 그런데 하나님을 떠나는 순간 인간은 서로 적이 돼서 갈등하고 미워하게 되었습니다. 심지어는 형이 동생을 죽이는 이런 살인의 문제까지 들어갔습니다. 그러나 인간은 구속을 받으면 인간의 관계를 회복합니다.

인간관계가 회복이 될 때, 가장 먼저 자기의 정체성이 회복됩니다. 구원받기 전에는 여태까지 내가 누구인지 무엇인지를 모릅니다. 구원받기 전에는 아무리 뛰어난 머리를 가지고 있고 아무리 뛰어난 재주를 가지고 있고 아무리 굉장한 실력을 갖고 있어도 자기가 누구인지를 모릅니다. 어디서 와서 어디로 가는지를 알 수가 없고 왜 존재하는지를 알지 못합니다. 그래서 철학 공부를 하고 지식도 많은 천재들 가운데 자신을 알 수가 없어서 삶의 의미를 버린 사람들이 많습니다. 머리가 좋거나 정보를 많이 갖고 있다고 해서 자기 존재를 아는 것이 아닙니다. 인간은 구속 받았을 때 비로소 자기 존재를 깨닫게 됩니다. 본래는 하나님에 의해서 창조되었는데 아담과 함께 타락했고 예수님에 의해서 다시 하나님의 영광에 참여하게 되었다는 것을 압니다. 자신을 발견하게 되는 것이지요. 그것이 바로 구속이에요. 구속이 가져다주는 첫 번째 관계회복은 자아에 대한 관계회복입니다. 구속으로 말미암아 나 자신이 누군가인 것을 확실하게 알게 됩니다.

내가 누군가인 것을 알게 된 다음부터 다른 사람과의 관계가 회복되기 시작합니다. 가정에서 관계의 회복이 시작됩니다. 부부의 관계가 회복이 되고 부모와 자녀의 관계가 회복됩니다. 직장에서 관계가 회복이 됩니다. 그리고 심지어는 세상에 대한 관계가 회복됩니다. 그래서 구속받은 사람들이 모든 관계를 회복해 나가기 시작합니다. 구속받지 않으면 아무리 뛰어난 사람도 가정에서 싸우고, 직장에서 싸우고, 친구들과 마찰을 일으킵니다. 그것은 해결이 안 됩니다. 구속받으면 하나님과의 관계가 회복될 뿐만 아니라, 사람과의 관계가 회복됩니다. 나와 나 자신의 관계, 나와 내 가족의 관계, 나와 내 직장 동료의 관계, 나와 세상의 관계가 회복됩니다.

(3) 만물과의 관계 회복

그리고는 또 한 가지 관계가 회복이 됩니다. 그것은 만물과의 관계가 회복된다는 것입니다. 만물과의 관계가 회복 될 때, 다시 우주론적 교회론이 성립됩니다. 무슨 말입니까? 인간이 구속을 받으면 인간의 구속이 우주에 영향을 준다는 것입니다. 인간의 구속이 우주에 영향을 주어서 결국 우주 자체에 큰 변화가 일어난다는 것입니다. 지금까지는 서로 증오하고 잡아먹고 살육하던 모든 것들에게 평화가 온다는 것입니다. 이것을 가장 잘 보여 준 것이 이사야 선지자입니다. 이사야 선지자는 이사야 35장과 이사야 65장에서 구속된 인간들이 우주에 미치는 영향이 무엇인지 보여줍니다. 인간의 구속이 우주에 미치면 어린아이가 독사의 굴에 손을 집어넣고 사자와 송아지가 같이 풀을 뜯는 일이 일어납니다. 전에는 어린아이가 독사의 굴에 손을 집어넣으면 당장 독사가 물어뜯었을 텐데, 전에는 사자가 양을 보면 당장에 잡아먹었을 텐데, 인간의 구속으로 말미암아 우주에 회복이 일어난다는 것입니다. 사도 바울은 로마서 8장 19절과 22절에서 이것을 잘 설명해주고 있습니다. 인간이 구속 받는 것을 만물이 기다리고 있는 것입니다. 사도 바울이 만물이 인간의 구속을 기다리고 있다는 것을 알았습니다. 우리의 눈에는 해, 달, 별이 아름답고, 풀과 꽃이 예쁘고, 매미 우는 소리와 제비 날아다니는 모습이 굉장히 낭만적으로 보여입니까? 낭만 시인들이 시를 지을 때 그네 타는 모습을 보면서 제비가 춤을 추는 것 같다고 노래합니다. 가을에 낙엽이 떨어지면 마치 무슨 색깔이 들어 있는 물감이 떨어지는 것 같다고 합니다. 눈이 내리는 장면을 보면서 꿈의 세계가 펼쳐지는 것처럼 묘사합니다. 그런데 사도 바울은 그렇게 보지 않았습니다. 사도 바울의 눈에는 새가 날아다니면서 우는 것은 인간이 구속되기를 기다리면서 우는 소리로 들리고, 시냇물이 흐르면서 소리를 내는 것은 인간이 빨리 구속되어야 우리가 살 텐데 하면서 슬픔을 표현하는 것으로 보였습니다. 하늘에 구름이 부딪쳐서 번개가 번쩍 하고 치면서 천둥소리가 콰르릉 나면 낭만 음악가들은 대자연의 웅장한 오케스트라를 연상하면서 심벌즈가 부딪치는 것을 떠올립니다. 그러나 바울은 뭐라고 생각하느냐 하면 구름까지도 인간의 구속을 기다리면서 빨리 구속되기를 손뼉을 치며 기다리는구나 생각했습니다. 그래서 로마서 8장 19절에서 20절을 보면 "모든 피조물이 하나님의 아들들이 구속될 것을 기다리며 한탄하느니라"고 말합니다. 만물은 인간이 구속될 것을 기다리며 한숨을 짓습니다. 인간이 구속될 것을 기다리며 모든 피조물이 탄식합니다. 매미가, 제비가, 시냇물이, 하늘의 구름이 모두 탄식하면서 인간의 구속을 기다리고 있습니다. 왜 그럴까요? 인간이 구속이 되어야만 만물이 구속이 되기 때문입니다. 그래서 인간의 구속은 하나님과의 관계의 회복일 뿐만 아니라 인간과 인간 사이의 관계 회복이며 그리고 더 나아가서는 만물의 관계가 회복됩니다.

사도 바울은 만물의 회복을 에베소서 1장 10절에서 잘 설명해

주고 있습니다. 우리말 성경에는 "하늘에 있는 것이나 땅에 있는 것이 다 그리스도 안에서 통일되게 하려 하심이라"고 말합니다. 하늘에 있는 것이란 해, 달, 별, 구름, 독수리 이런 것들입니다. 땅에 있는 것이란 사자, 곰, 토끼, 메뚜기, 지렁이, 나무, 풀 이런 것들입니다. 그 모든 것이 그리스도 안에서 통일 된다는 것입니다. 그런데 "통일 된다"는 이 말은 조금 설명이 필요합니다. 언뜻 들으면, 마치 남북통일 같은 의미로 여겨지겠지만 그런 말이 아닙니다. 이 말을 정확하게 번역하면 "다시 머리를 얻게 되었다"는 뜻입니다. 하늘에 있는 것이나 땅에 있는 것이나 모든 것들이 예수님 안에서 다시 머리를 찾게 되었다는 말입니다. 이 말은 무슨 이야기냐 하면 인간이 구속받기 전까지는 만물이 머리가 없었다는 것입니다. 머리가 없으면 어떤 일이 벌어질까요? 모든 것에 질서가 없었다는 뜻입니다. 엉망진창이었다는 겁니다. 아담의 타락은 개인의 일로 끝난 것이 아닙니다. 그냥 아담이 타락하고 끝나는 것이 아닙니다. 아담이 타락한 후에 만물이 머리를 잃어버리고 무질서와 혼란 속으로 빠져들었습니다. 우리 눈에 볼 때는 대자연이 심포니 오케스트라의 연주인 것처럼 보입니다. 새가 울고 꽃이 피고 하는 것이 아름답게 보입니다. 그러나 사실은 아담이 타락한 이후 만물은 혼돈의 상태가 되었습니다. 아담이 중간자와 왕으로서 만물을 통치하는 신분을 상실하면서 만물은 머리를 잃어버린 것입니다. 이렇게 머리 잃어버린 상태가 오랫동안 지속되다가 예수님 오셔서 다시 만물의 머리가 되어주셨습니다. 예수님은 교회의 머리시면서 동시에 만물의 머리십니다. 그래서 드디어 만물이 예수님 안에서 머리를 회복하게 되었습니다. 머리가 회복되니까 모든 것들이 다시 질서를 갖추게 되었습니다. 아담이 타락했다는 말은 머리가 없어졌다는 말입니다. 아담은 하나님과 인간 사이에 중간자로 만물을 통치하는 왕으로 세워졌는데 타락함으로써 머리가 없어지게 되었습니다. 만물이 머리를 잃은 것처럼 되어, 태양은 태양대로, 풀은 풀대로, 시냇물은 시냇물대로 제 마음대로 움직이는 것처럼 되고 말았습니다. 이것이 타락의 결과입니다. 우주의 타락 모습입니다. 인간은 선악을 알게 하는 나무의 열매를 먹어서 타락이지만, 만물은 인간의 타락과 함께 머리를 잃어버린 것이 타락입니다. 그런데 사도 바울은 에베소서 1장 10절에서, "예수님이 십자가에 달려 죽으심으로 말미암아 아담 대신에 만물의 머리가 되셔서, 하늘에 있는 것이나 땅에 있는 것 모든 것들이 그리스도 안에서 다시 머리를 얻게 되었다"고 말씀하셨습니다. 예수님이 다시 머리가 되니까 이제는 머리가 없어서 제 멋대로 하는 것들이 모두 다시 머리이신 예수님께 달라붙어서 질서를 잡게 되었습니다. 그래서 구속이라는 것은 하나님과의 관계에서 보면 인간이 하나님의 영광에 들어가는 관계 회복이고, 인간 그 자체가 다시 평등의 관계를 유지하는 것이고, 창조의 모습처럼 만물이 다시 머리를 얻어서 질서를 잡고 평화를 얻게 되었다는 말입니다. 이것이 이사야 35장과 65장에 나오는 이야기입니다. 이렇게 구속된 인간에게는 새로운 신분이 주어졌습니다. 중간자의 위치입니다.

3) 신분의 회복

셋째로, 구속받은 사람은 다시 신분을 회복합니다. 구속을 받아 관계를 회복하면 사람에게 새로운 신분이 주어집니다.

(1) 하나님과 관련된 신분

가장 중요한 신분은 하나님과의 관계에서 주어진 신분입니다. 이것은 새 피조물이라는 신분입니다. 사도 바울이 고린도후서 5장 17절에서 말씀하였습니다. "그리스도 안에 있으면 새로운 피조물이라 이전 것은 지나갔으니 보라 새 것이 되었도다." 구속으로 말미암아 새 피조물이 되었습니다. 새 피조물은 다시 말하면 하나님의 형상을 따라 지식에까지 새롭게 하심을 입은 자입니다. 골로새서 3장 10절에서 사도 바울은 새 피조물을 하나님의 형상을 따라 지식에까지 새로워진 자라고 설명합니다. 새 피조물이란 "나는 새롭게 되었어, 나는 이전 게 아니야"라는 말이 아닙니다. 새롭다는 말은 하나님의 형상을 다시 얻게 되었다는 것입니다. 창조 때 얻었던 것, 그리고 타락할 때 잃어버렸던 것, 그 하나님의 형상을 다시 얻어서 하나님이 갖고 있는 존귀함, 하나님의 의로운 성품을 다시 가지게 되었습니다.

그래서 이제부터는 밖에 있는 죄인이나 더러운 존재가 아니라 성도라고 부릅니다. 성도, 곧 거룩한 사람들입니다. 왜 그럴까요? 하나님의 형상을 회복했기 때문에 거룩한 사람들이라는 것입니다. 그래서 사도 바울은 자주 신자들을 가리켜 성도라는 표현을 씁니다. 하나님의 형상을 가졌기 때문에 성도 곧 거룩한 사람입니다. 그러니까 하나님의 형상을 가지게 되니까 성도일 뿐만 아니라 하나님의 자녀입니다. 다시 하나님과의 관계가 회복이 되었기 때문에 하나님의 자녀라고 부르는 것입니다. 하나님의 성품, 하나님의 형상을 회복했기 때문에 성도라 부르지만, 하나님과의 관계가 회복되었기 때문에 자녀라고 부릅니다. 그리고 자녀일 뿐만 아니라 이제는 그 하나님의 통치권에서 살기 때문에 하나님의 백성이라고 부릅니다. 그래서 신약성경에는 신자를 가리켜 자주 하나님의 백성, 하나님의 성도, 하나님의 자녀라는 말들이 많이 나오면서 구속받은 인간의 신분을 설명해주었습니다. 구속받은 사람은 하나님의 백성이 되었다. 하나님의 자녀가 되었다, 하나님의 성도가 되었다고 말합니다.

그런데 구속을 받으면 우리가 단순히 하나님의 백성과 성도와 자녀가 되는 것으로 끝나는 게 아닙니다. 하나님의 백성, 성도, 자녀가 되고 그 때 하나님이 우리에게 하나님만 가지고 있던 고유한 하나님의 성품을 우리에게 주셨습니다. 그래서 하나님과 같은 그 위치로 우리를 올려주셨습니다. 원래는 우리가 타락한 존재로 하나님 밖에 살고 있었지만, 구속을 받으면 창조 때 하나님이 만나 주시던 존재로 다시 우리를 상승시켜 주십니다. 요한복음 10장 35절을 보면 예수님께서 어느 날 유대인들과 대화를 나누면서 이렇게 말씀하셨습니다. "하나님의 말씀을 받은 사람들을 신이라 하셨다." 하나님의 말씀을 받은 사람들이 하나님과 같은 그런 존귀함을 얻게 되었다는 것입니다. 구속받은 후에 그냥 사람의 성품을 가지고 사는 것이 아니라, 하나님과 같은 존귀함을 얻게 되었다는 것입니다. 그리고 구속받은 사람은 하나님의 성품에 참여하게 되었습니다. 베드로후서 1장 4절에 보면, 구속받은 사람을 가리켜 "하나님의 성품에 참여하게 되었다"고 말씀하고 있습니다. 그래서 이제는 우리가 하나님을 직접 만나고, 하나님의 성품을 가진 사람으로 살면서, 동시에 하나님이 갖고 있는 그 영원한 세계에 참여하는 것이지요. 영원한 세계에 참여하는 것이 영생입니다.

성경에서 영생이라고 말할 때는 단순히 죽지 않는다는 의미가 아닙니다. 영생은 불로장생 같은 것이 아닙니다. 그것은 그냥 죽지 않는 것을 의미할 뿐입니다. 하지만 성경이 말하는 영생은 그런 영생을 의미하지 않습니다. 영생은 그냥 안 죽는다는 말이 아닙니다. 영생은 그냥 죽지 않고 영원토록 사는 게 아니라, 영원토록 하나님과 함께 사는 것, 영원토록 하나님의 은혜를 받으며 사는 것, 영원토록 하나님의 복락 가운데 사는 것입니다. 하나님과의 관계가 영원토록 지속된다는 것이 영생입니다. 하나님과의 관계 속에서 예수님과 영원토록 관계가 유지되는 의미의 영생이라는 말입니다. 구속받은 사람들에게는 바로 그 복이 주어진다는 것입니다. 하나님은 구속을 받은 사람이 그 신분을 회복할 때 하나님의 영원한 세계에 참여하는 복을 우리에게 주십니다.

(2) 사람과 관련된 신분

그리고 동시에 구속된 사람에게는 인간의 관계도 회복됩니다. 인간의 관계가 회복되면서 드디어 완벽한 평등이 옵니다. 그래서 갈라디아서 3장 28절에 보면 사도 바울은 "그리스도 예수 안에서는 유대인이나 헬라인이나 자유인이나 종이나 남자나 여자 없이 하나라"고 선언합니다. 하나라는 말은 우리가 창세기에서 본 것과 같이 사람으로 지음 받은 남자와 여자 사이에 드디어 평등관계가 완벽히 일어난다는 것입니다. 구속 받은 사람에게 서로 간에 완전한 의존이 일어납니다. 남자 없이 여자 없고, 여자 없이 남자 없습니다. 남자에게서 여자가 났고, 여자는 남자에게서 났고, 남자는 여자로 말미암습니다. 이것은 사도 바울이 고린도전서에서 가르쳐 준 말입니다(고전 11:12). 이때 중요한 것은 남자와 여자에게 똑같이 평등한 관계에서 의존이 일어나면서 같은 목적을 갖게 된다는 것입니다. 그래서 이제는 남자와 여자가 모두 하나님을 영광스럽게 하는 목적을 가지고 살게 됩니다. 우리에게 새로운 목적이 주어지는 것입니다. 인간이 지금까지는 자기밖에 없었습니다. 앞에서 살펴본 것처럼 데카르트의 주장입니다. 그런데 구속을 받고 나면 이제는 내가 중요한 게 아니라 하나님이 중요합니다. 그래서 하나님께 영광을 돌리는데, 먹든지 마시든지 무엇을 하든지 하나님께 영광을 돌리는 존재로 나가게 됩니다(고전 10:31).

(3) 세상과 관련된 신분

구속받은 사람은 세상과의 관계에서도 새로운 신분을 가집니다. 사람이 세상에 대하여 드디어 왕 같은 존재가 된다는 것입니다. 그래서 베드로전서 2장 9절, 10절을 보면 마지막 부분에 "왕 같은 제사장"이라는 표현을 씁니다. 이 말은 이제는 우리가 왕이라는 말이 아닙니다. 우리는 왕이 되어 만물에게 다시 의미를 부여하게 되었다는 뜻입니다. 교회와 성도가 있기 때문에 우주가 의미를 얻게 되었다는 것입니다. 시냇물이 왜 흐르는가? 교회가 있기 때문입니다. 참새가 왜 노래를 부르는가? 성도들이 있기 때문입니다. 천둥번개가 왜 우르릉 쾅쾅 소리내며 빛을 발하는가? 성도와 교회가 이 땅에 있기 때문입니다. 만물이 교회와 성도로 말미암아 새로운 의미를 얻게 된 것입니다. 그 이전에는 모든 것들이 탄식과 신음과 원망의 소리였는데, 예수님 오신 후에 구속의 사건이 이루어지자마자 우주에 변화가 일어나서 이제는 모든 것들이 새로운 소리를 낸다는 것입니다. 구속받은 우리의 귀에 드디어 모든 것이 새롭게 들린다는 거예요. 그래서 우리는 풀 한 포기, 곤충 한 마리, 시냇물의 흐름, 구름의 흘러감을 보면서 하나님을 찬양하는 소리를 듣습니다. 구속받은 사람에게 놀라운 일은 만물이 하나님을 찬양하는 소리를 들을 수 있다는 것입니다. 구속이 없으면 우주라는 것은 의미가 없는데, 구속이 있기 때문에 우주에 의미가 있다는 의미입니다. 그런데 아직도 이 세상에는 불행하게도 많은 수가 구속에 들어있지 않습니다. 그래서 우리에게 주어진 사명은 그들이 우리와 같이 이 구속의 자리에 들어올 수 있도록 예수님을 전하고 말해서, 그들이 우리와 같은 이 영광의 신분과 영광의 자리에 들어와 하나님을 찬송하는 일이 일어나도록 만들어야 합니다. 그래서 성경은 구속받은 우리가 계속해서 이 복음을 전해서 그들이 우리와 같은 자리에 들어오도록 초청해야 된다고 말해주고 있습니다. 구속 받은 성도에게 주어지는 가장 중대한 사명은 다른 사람을 이 자리에 초청하는 것, 다른 사람을 이 자리에 불러서 같이 하나님께 영광을 돌리게 하는 전도의 사명입니다. 그러므로 전도는 구속받은 사람에게 영광의 사명인 셈입니다.

나가는 말

오늘 말씀드린 것을 다시 한 번 간단히 정리하면, 성경은 인간을 세 가지 차원에서 말해줍니다. 창조된 인간, 타락한 인간, 구속된 인간입니다. 그런데 각각을 말할 때마다 세 가지씩 관점을 갖고 말합니다. 어떤 위치에 있는가? 어떤 관계를 갖고 있는가? 어떤 신분을 갖고 있는가? 그래서 첫째로 창조 때에도 위치, 관계, 신분이 있고, 둘째로 타락 때도 위치, 관계, 신분이 있고, 셋째로 구속받은 후에도 위치, 관계, 신분이 있습니다. 우리 구속받은 사람들이 해야 하는 마지막 사명은 구속을 사람들에게 알려줌으로써 그들이 복음에 들어오게 하는 것입니다. 성경은 인간을 창조, 타락, 구속이라는 세 가지 관점에서 말하고 있다는 것을 잘 기억하셔서, 성경의 인간상을 알고 우리의 사명을 깨우치기를 바랍니다. 기도하겠습니다.

하나님 아버지 감사합니다. 성경이 말하는 인간에 대하여 배웁니다. 창조와 타락과 구속이라는 전망 가운데 인간의 위치와 관계와 신분이 어떠한 것인지 잘 알아서, 나 자신이 하나님의 구속받은 인간임을 확실히 배우고, 주위에 아직도 구속에 들어오지 못한 사람들을 구속의 자리로 초청하는 하나님의 거룩한 성도들이 되게 해 주시옵소서. 예수님의 이름으로 기도하옵나이다. 아멘.

2

부패한 인간의 절망과 소망

롬 7:14-25, 8:23-25

김병훈 목사

오늘 나눌 주제는 '부패한 인간의 절망과 소망'입니다. 먼저 왜 인간이 절망적인 상태에 있는지를 다루고, 그 다음에 절망의 인간에게 소망이 있는지, 그 소망은 어떠한 것인지에 대해 말씀을 나눕니다.

우리는 신자입니다. 신자의 첫걸음은 인간이 부패해 있다는 사실들로 인하여 율법의 정죄를 받아 절망에 이르는 것에서 시작합니다. 신자가 신자 되었다는 사실을 확인하는 가장 중요한 신앙적인 특징은 절망 속에서 하나님의 은혜를 바라보는 회개입니다. 이 회개는 단순히 무엇을 잘했다 못했다는 이러한 과실의 측면이 아니고, 근본적 본성적 부패의 무능성에 대한 나는 아무것도 할 수 없구나 라는 자기의 절망에서 나오는 것입니다. 율법의 정죄 아래 자신의 부패성을 깨닫는 절망이 있을 때에 깊은 회개에 이르게 됩니다. 신자는 이러한 절망 가운데서 그리스도로 인하여 소망을 발견한 자들입니다.

사람들은 하나님께서 처음에 사람을 만드셨을 때 사람을 악하게 만드셨습니까? 아니면 선하게 만드셨습니까? 당연히 선하게 만드셨습니다. 그러면 선하게 창조된 인간이 어떻게 해서 타락을 하게 되었을까요? 하나님께서 만드신 인간은 선함에도 불구하고, 그렇게 선한 인간이 타락을 하게 되는 까닭은 무엇인가요? 타락의 계기는 시험입니다. 아담이 마귀의 유혹을 받세 됩니다. 이게 계기가 되었습니다. 그런데 마귀의 시험이 계기라 할지라도, 근본적으로 어떻게 하나님이 선하게 창조하신 사람이 타락할까라는 본질적 질문이 있게 됩니다. 말하자면 이런 것입니다. 마귀가 아무리 시험해도 끄떡없게끔 만들 수 없었을까요? 조금 뭔가 좀 불완전하게 만들었기 때문에 시험받으니까 무너진 것 아닐까요? 예를 들어, 자동차가 동절기에 시동도 안 걸리고 기능을 잘 하지 못한다면 자동차 잘 만든 거 아니잖습니까? 또는 하절기에 기온이 오르니까 기능을 잘 안하다면 잘 만든 거 아니잖습니까? 자동차는 춘하추동 계절이 어떻게 바뀌어도 항상 시동이 잘 걸리고 기능을 잘해야 잘 만든 거 아니겠습니까? 마찬가지로 하나님께서 만드신 사람도 시험에 흔들리지 않게끔 만들었어야 진짜 잘 만든 것이 아닐까요? 그런데 시험을 당하자, 우리가 아는 것처럼 성경에 나오는 데로, 아담과 하와가 그냥 타락을 해버렸으니, 하나님이 애초부터 무엇인가 잘못 만드신 것 아닐까요? 여러분도 이런 질문을 해본 적이 있을 것입니다. 이러한 질문은 제법 신학적인 특별한 질문인 것 같지만, 유초등부 아이들을 가르치는 교사도 심심치 않게 받는 질문이기도 합니다. "선생님, 왜 하나님은 아담이 타락하지 않게 안하셨어요?" 이 질문에 대해 일반적으로 답은 이렇게 합니다. "아, 그거는 사람에게는 자유의지가 있어요. 그래서 선택을 할 수가 있어요. 하나님 말씀을 들을까?, 아니면 마귀의 말을 들을까? 이 둘 가운데 선택을 할 수 있는 자유의지가 있습니다. 이러한 선택의 자유가 있는게 좋겠어요? 아니면 로봇처럼 명령대로 움직이는 게 좋겠어요? 선택할 수 있는 자유의지가 있는 게 훨씬 좋은 것입니다. 그래서 하나님께서는 인간에게 자유의지를 주셨어요." 그런데 질문은 이어질 수 있습니다. "근데요 선생님 제가 생각해보니까요. 자유의지가 있어도, 항상 선을 하나님이 선택하도록 하나님이 만드시면 되잖아요." 굉장히 똑똑한 대답이지요? 이 말은 선택하는 자유의지가 있어도 하나님을 사랑하는 마음이 있으면 하나님의 말씀에 순종하는 선택을 할 것이라는 생각입니다. 선택하는 자유의지는 마음에 원하는 바를 행하는 것이라는 사실은 매우 중요한 요점입니다. 그러니까 우리의 질문으로 돌아오면 마귀가 하와를 시험할 때 하와는 하나님께서 금지하신 열매를 먹고 싶은 마음을 갖게 되었고, 그 마음에 따라 불순종을 한 것입니다. 사람은 요컨대 변하는 존재이며, 결코 변치 않는 존재는 아닙니다. 영원토록 변치 않는 분은 한 분밖에 안 계시니, 곧 하나님이십니다. 불변성이라는 속성은 인간에게 속한 것이 아니라 하나님께 속한 것입니다. 모든 피조물은 변합니다. 하나님만이 불변적 존재입니다. 하나님의 은혜가 신실하게 부어지고 충만하면 신앙도 견고하게 지켜나가는 것입니다. 반대로 하나님께서 은혜를 거두시면 우리는 금방 신앙을 떠나버리고 맙니다. 여러 분이 평소에 지금까지 큰 탈 없이 신앙생활하고 있다면 여러분에게 지금 하나님께서 은혜를 부어주고 계시기 때문입니다. "내가 지금 별 탈 없이 지금까지 삼십년, 사십년 해왔어. 아 하나님께 칭찬받아야지." 그런 마음이 드실 때, 먼저 인정할게 있습니다. 그것은 지난 신앙생활이 주님의 은혜로 된 것이라는 것을 주님 앞에 엎드려 인정하는 것입니다. 왜냐하면 우리는 다 변하는 자들이기 때문입니다. 하나님께서 아담도 하와도 처음에 선하게 만드셨고 착한 마음으로 만드셨지만, 이 마음이 마귀의 시험으로 인하여 변질이 된 것입니다.

그러면 우리가 예수 그리스도께서 재림 후에 이루실 새 하늘과 새 땅에서 살게 될 때, 그 때도 우린 여전히 인간이니까 변해버리면 어떻게 될까요? 첫 창조 때는 변하여 타락을 하였어도, 지금은 이렇게 예수님 믿고 소망 가운데 하나님을 사랑하며 살아가면서 새 하늘과 새 땅을 바라보는데, 만일 우리가 새 하늘과 새 땅에서 영광된 그곳에서 거기서 휙 변해버리면 어떻게 될까요? 이 질문에 대한 답은 간단합니다. 그곳에서는 변함이 없을 것입니다. 왜 그렇습니까? 영원한 중보자가 계시기 때문입니다. 그로 인하여 성령의 완전한 충만함을 받을 것이기 때문입니다. 첫 창조 때는 에덴동산에 아담과 하와가 있었고 누가 없었습니까? 어린양 예수 그리스도가 없었습니다. 그래서 그 당시에는 사람이 하나님께서 뭘 하셨느냐하면 선악을 알게 하는 나무를 주시고 따먹지 말라는 순종을 기초로 영생을 약속하셨습니다. 그런데 우리가 받는 영생은 우리의 순종을 기초로 받는 영생입니까? 아니면 예수님을 통해 받는 영생입니까? 예수님으로 인하여 받는 영생입니다. 예수 그리스도에 의해서 우리에게 주신 바 된 은혜의 영생을 받아서 그것 때문에 영원토록 영생을 누리며 사는 것입니다. 우리 안에서 불순종의 마음이 있지 않도록 그리스도의 중보로 인해서 성령 하나님께서 계속 우리 마음을 붙잡아 주십니다. 그래서 우리는 변할 수밖에 없는 존재지만 신실한 하나님의 은혜가 그리스도의 중보로 통하여 영원토록 흐른다, 그게 새 하늘과 새 땅의 행복입니다. 그래서 요한계시록 보게 되면 생명수 강이 흐르고 양 옆에 생명나무 과실이 열려 있어, 그 물을 마음껏 마신다는 의미는 변할 수 있는 우리를 붙잡아 주시는 은혜가 계속해서 충만하다는 것입니다.

사람의 의심은 끝이 없고 신학적 질문은 계속 이어져 갑니다. "그러면 하나님께서 처음 만들었을 때 그리 만드셨으면 얼마나 좋아?" 에덴동산 만들 때 처음부터 저렇게 만드셨으면, 처음부터 요한계시록 21장 22장이 처음에 창세기 1장이었으면 그러면 얼마나 좋았겠느냐는 말입니다. 지금 우리의 인생은 눈물과 슬픔과 고난과 낙심으로 채워져 있지 않습니까? 그런데 새 하늘과 새 땅이 임하는 그 날에는 그러한 모든 것이 없습니다.

"또 내가 새 하늘과 새 땅을 보니 처음 하늘과 처음 땅이 없어졌고 바다도 다시 있지 않더라 또 내가 보매 거룩한 성 새 예루살렘이 하나님께로부터 하늘에서 내려오니 그 준비한 것이 신부가 남편을 위하여 단장한 것 같더라 내가 들으니 보좌에서 큰 음성이 나서 이르되 보라 하나님의 장막이 사람들과 함께 있으매 하나님이 그들과 함께 계시리니 그들은 하나님의 백성이 되고 하나님은 친히 그들과 함께 계셔서 모든 눈물을 그 눈에서 닦아 주시니 다시는 사망이 없고 애통하는 것이나 곡하는 것이나 아픈 것이 다시 있지 아니하리니 처음 것들이 다 지나갔음이러라"(계 21:1-4).

첫 창조가 요한계시록 21장과 같았다면 너무 좋았을 것입니다. 그런데 하나님 왜 그렇게 하지 않으셨을까요? 이 질문에 대답할 수 있는 분은 아무도 없습니다. 우리를 사랑하시는 하나님께서, 또한 지혜로우신 하나님께서, 그리고 전능하신 하나님께서 그렇게 하신 이유를 우리가 다 헤아릴 수는 없습니다. 그런데 현재의 인간의 모습을 그대로 놓고 생각해보면 다음과 같은 유익을 생각할 수가 있습니다. 창세기 1-2장과 요한계시록 21-22장을 비교하면 처음에는 있었으나 나중에는 없는 것은 선악을 알게 하는 시험의 나무이며, 처음에는 없었으나 나중에는 있는 것은 중보자 어린 양입니다. 그리하여 이전에 선악과의 과실 앞에 시험적 위기가 있지만 중보자가 오신 이후에는 영원토록, 영원토록 변치 않는 은혜의 충만함을 누릴 수 있게 됩니다. 아마도 이렇게 말할 수 있을 것입니다. 우리의 체질을 잘 아시는 하나님께서는, 하나님의 형상으로 인간을 만드셨으나 연약한 피조물인 인간이 또한 하나님의 형상을 잃어버릴 존재인 줄을 아시고, 우리에게 어린양 예수 그리스도를 최고의 선물로 주셨다고 말입니다. 이를 위하여 놀랍고 위대한 일을 행하셨으니, 곧 성자 하나님께서 사람이 되셨습니다. 이는 하나님이 사람이 되어 우리와 함께 거하지 아니하면 영원토록 우리와 함께 행하리라 하신 하나님의 약속이 이루어질 수가 없기 때문입니다. 하나님께서 우리 중에 함께 하시는 일은 하나님께서 우리와 같은 사람이 되심으로써 비로소 이루어질 수 있는 일입니다. 그래서 타락은 결코 좋은 일이 아니지만, 우리의 타락을 계기로 중보자 예수 그리스도께서 이 땅에 오시게 되었으며, 또한 그로 인하여 새 하늘과 새 땅이 이루어졌습니다. 지금까지 성경을 통해 알 수 있는 것은 이러한 복이 인간의 타락이라는 역사적 계기를 통해 이 땅에 실현이 되었다는 것입니다.

인간이 범한 타락의 죄란 다름이 아니라 하나님을 부정해 버리는 것입니다. 피조물인 인간이 창조주이신 하나님을 부정하는 것입니다. 성경을 보면 마귀가 하와를 시험합니다. 마귀는 "하나님이 참으로 너희에게 동산 모든 나무의 열매를 먹지 말라 하시더냐"는 간교한 물음으로 시험을 시작합니다. 하와가 답하기를 "여자가 뱀에게 말하되 동산 나무의 열매를 우리가 먹을 수 있으나 동산 중앙에 있는 나무의 열매는 하나님의 말씀에 너희는 먹지도 말고 만지지도 말라 너희가 죽을까 하노라 하셨느니라"고 하자, 마귀는 "너희가 결코 죽지 아니하리라"고 말함으로써 그러한 하나님의 말씀이 진실한 것이 아니라고 거짓을 말하며, 더 나아가 "너희가 그것을 먹는 날에는 너희 눈이 밝아져 하나님과 같이 되어 선악을 알 줄 하나님이 아심"으로 그렇게 말씀하신 것이라고 거짓을 덧붙여 말함으로 하나님의 선하심을 부인하도록 시험하였습니다.

요컨대 마귀의 시험은 "하나님은 너희를 위한 선하신 하나님이 아니다. 하나님은 거짓말쟁이다. 그런 하나님을 예배를 필요가 없다."는 판단에 이르게 합니다. 그리고 탐욕의 불이 일어나서, 그러한 판단을 빌미로 "그런 하나님이시라면 내가 무엇을 하든지 상관하지 마시라"고 주장하며 불순종의 행동을 합니다. 이것은 하나님을 부정하는 것입니다. 불순종의 의미는 "하나님이시여, 내 앞에서 사라져 주세요. 하나님이시여 사라지라."는 것입니다. 그것이 바로 타락한 죄의 성질입니다. 사람들의 죄란 다 그런 성질을 갖습니다. 인간의 절망이란 바로 이러한 죄에서 옵니다. 왜냐하면 피조물은 피조물인 까닭에 창조주를 부정하고 스스로 서서 자신의 유익과 선과 행복을 결코 찾을 수가 없기 때문입니다. 존재적으로 불가능한 일입니다. 피조물은 피조물인 것이지요. 스스로 생명의 주인이 아니니까 인간은 타락 이후에 결국 하나님께서 내리신 형벌에 따라 사망을 피할 수가 없습니다. 그 사망은 육적 사망만이 아닙니다. 영적인 사망을 포함합니다. 그리고 영적 사망만이 아니라 또한 영원한 사망입니다.

사망은 세 가지입니다. 첫째는 육체의 사망입니다. 육신이 영혼과 분리됩니다. 바로 죽음을 겪습니다. 몸은 썩습니다. 그래서 사망의 고통이 뭔지를 절절하게 느낍니다. 이 몸이 썩고, 구더기가 다 먹어 버립니다. 썩고 문드러지는 몸은 냄새가 나며 가족들도 삼일을 견디지 못합니다. 육체의 썩음을 통해 사망이 얼마나 끔찍한 것이냐를 알게 됩니다. 하나님이 죄가 얼마나 무서운가를 그것을 통해 배우게 하십니다. 둘째는 영적 사망입니다. 죄를 지은 인간은 영적으로 죽은 자이며 죄를 사랑하는 것으로 그 상태가 나타납니다. 하나님의 뜻대로 산다는 것은 어려운 일입니다. 여러분은 어떻습니까? 성령께서 바라시는대로 살기 위해서는 기도가 필요하지 않습니까? 육신의 소욕을 따라 사는 데에 기도가 필요하지는 않을 것입니다. 이 영육간의 싸움에서 하나님 보실 때 우리는 죽은 자입니다. 살았다 하나 사실 죽은 자입니다. 죄를 사랑하고 하나님을 마음에 두기 싫어하는 것은 산 것이 아니라 죽은 자입니다. 왜냐하면 생명이신 하나님을 싫어하고 미워한 자는 영적으로는 죽은 자이기 때문입니다.

그런데 죽음은 여기에서 그치는 것이 아닙니다. 영적으로 죽은 자는 육체 가운데 잠시 살다가 육체의 죽음을 겪고, 마지막에는 하나님 앞에 영원한 사망의 심판을 받게 됩니다. 이것이 세 번째 죽음입니다. 영원한 죽음은 끝도 없는 영원한 형벌을 받는 심판입니다. 무서운 형벌입니다.

어떤 스님이 그랬습니다. 본인은 기독교의 하나님을 이해할 수도 없으며, 그 까닭은 자기가 만든 피조물을 영원한 지옥으로 보내는 그 신을 믿기 어렵기 때문이라고 말했습니다. 여러분은 어떻게 생각하십니까? 사람이 타락한 증거가 바로 그 논리입니다. 사람이 타락하면 영적으로 죽어 있기 때문에 죄가 무엇인지 모릅니다. 죄를 짓는 사람은 자신이 하는 말이 얼마나 죄인 줄을 모릅니다. 죄에 대해서 감각이 없기 때문입니다. 무슨 말이냐 하면 영원토록 크시고 홀로 존재하신 그 하나님을 욕되게 하고 하나님을 미워하고 하나님을 싫어한 것 그 자체가 얼마나 무서운 죄인가에 대한 죄 인식 자체가 아예 없기 때문입니다. 하나님을 아는 사람은 죄에 대한 인식이 들어올 때마다 하나님 앞에 지극히 엎드려 절망 속에 있는 죄인으로서 회개로 나아가게 됩니다. 왜냐하면 하나님께 범하는 죄가 실로 크기 때문입니다. 이를테면 제가 왕정시대에 왕자를 때렸다고 합시다. 그럼 어떻게 될까요? 저 혼자 죽지 않겠지요? 그 집안의 삼족을 멸한다 그러시겠죠? 하지만 포로와 같이 힘없는 사람을 때렸다고 합시다. 커다란 문제가 일어나지 않을 것입니다. 같은 행동이라도 대상이 누구냐에 따라서 전혀 다른 벌이 달라져요. 똑같은 행동도 하나님께 대한 행동은 만 가지 죄를 범한 게 됩니다. 침을 포로에게 뱉었습니다. 그것도 괜찮지만 왕에게 침 뱉으면 그건 죽습니다. 하나님께 죄는 그런 것입니다. 하나님을 모르는 만큼 죄를 심상히 여기고 가볍게 여깁니다. 그리하여 마치 정욕대로 마음껏 할 수 있는 일처럼 함으로써 멸망을 당하는 죄악입니다. 그러나 하나님께 죄를 범하는 자에게는 살 길이 없습니다.

썩어진 인간이 다시 스스로 부패를 극복하고 신선해 질 수 있다고 생각하십니까? 그런 분은 계시지 않으시지요? 여러분 냉장고 하나 만들어 보시겠습니까? 썩은 것을 집어넣으면 새것으로 나오는 그런 냉장고 하나 만드세요. 그럼 돈 좀 벌겠지요? 그러나 그러한 냉장고는 못 만듭니다. 썩어진 것을 다시 역방향으로 돌려서 신선하게 못 만듭니다. 부패한 것을 다시 돌이켜서 못 만듭니다. 그게 자연의 원칙입니다. 타락한 이후에 이 세상은 전부다 썩어짐의 종노릇 하고 있습니다. 이것을 새롭게 다시 바꿀 수가 없습니다. 인간의 부패한 심령이 스스로 다시 새로워져 부패성이 없고 죄성이 없는 의롭고 성령을 사랑하는 마음으로 바뀔 수가 없다는 말씀입니다. 고작 해야 인간은 절제와 억압과 조심성과 근신을 통해서 행동을 좀 막아보고 마음속을 통제해보기 위해 애를 쓸 따름입니다. 하지만 그나마도 지극히 어렵습니다. 긴 수양의 세월 끝에 공든 탑이 한순간에 무너지는 안타까운 모습을 우리를 주변에서 어렵지 않게 봅니다. 인간의 경건은 자랑할게 못됩니다.

신자의 경건도 자랑할 수 없거니와 하물며 신자가 아닌 중생의 은혜를 입지 못한 자의 일반적 도덕생활의 흔적을 무슨 의로 내세울만 하겠습니까? 예수님께서 마태복음 15장에서 무엇이 사람을 더럽게 한다고 하셨습니까? 입으로 들어가는 것이 아니라 입에서 나오는 것들이 더럽게 한다고 하셨습니다. 이 말씀은 인간의 마음의 근본적인 부패성을 지적하시는 말씀입니다.

그럼으로 사람의 절망은 그 심령의 부패에 있습니다. 전적 부패입니다. 인간은 그 마음이 전적으로 부패한 상태에서 끊임없이 죄를 생산합니다. 인간은 평생 죄를 범합니다. 인간은 이 죄로 인하여 받는 심판의 형벌뿐만 아니라, 원죄에 대한 죄 책임, 죄책으로 인한 벌도 심판도 같이 받습니다. 그러므로 인간은 출생하자마자 죽는다 할지라도 원죄에 대한 책임 때문에 형벌을 받으며, 출생하여 인생을 살게 되면 살면서 계속 범하는 부패한 죄로 인하여 형벌의 심판에서 헤어날 길이 없습니다. 죄의 문제는 일찍 죽는다고 해결 되는 게 아니에요. 일단 생명이 태어나면 죽을 때까지 이 절망의 수렁에서 나올 길이 없는 거예요. 나올 수 있는 자, 누가 있습니까? 죄값을 무엇으로 갚습니까? 갚을 길은 없습니다.

그러나 역설적으로 자신에게 소망이 없다는 이 사실을 깨달을 때라야 비로소 소망이 시작됩니다. 하나님께서는 이것을 깨닫게 하려고 우리에게 율법을 주셨습니다. 율법은 죄를 깨닫게 합니다. 죄를 깨닫는 것은 "어 이게 잘못이네? 남의 것을 탐하지 말라. 내가 탐했는데 이게 잘못이네? 난 몰랐어요."라고 말하는 정도의 각성이 아닙니다. 그런데 율법으로 인한 죄의 각성은 그것에 그치는 것이 아닙니다. 그것은 죄를 범하지 않으려고, 않으려고 몸부림을 쳐도 그것을 끝내 하고 마는 근본적 본성상의 부패까지를 보게끔 하는 것입니다.

결국 우리가 갖는 소망은 무엇입니까? 그것은 하나님께서 긍휼을 베풀어, 율법으로 말미암아 죄를 깨달은 자에게 예수 그리스도의 십자가의 은혜를 보여 주신 것입니다. 그런데 여러분, 예수님께서 정말로 우리 죄를 속죄하셨을까요? 어떻게 속죄하셨을까요? 성경의 말씀을 들으시기 바랍니다. 이 땅에서 고난을 당하신 예수님은 성부와 성자와 성령하나님 가운데 성자 하나님이십니다. 정확하게 말씀을 드려서, 신성을 가지신 삼위일체 하나님 가운데 제2격이신 성자하나님께서 인성을 취하여 이 땅에 오신 분이 예수님이십니다. 성자 하나님의 위격이신 말씀, 또는 로고스께서 인성을 취하시고, 마리아의 몸에서 나시니 우리가 아는 성경의 나사렛 예수로 이 땅에 실제 거하신 것입니다. 완전한 사람이셨으며, 참 사람이셨습니다. 우리와 똑같습니다. 만져보면 살도 느껴지고 꼬집으면 아프다 그러시고 배고프면 나 배고파다 이 말도 하시고 그런 분이셨습니다. 이러한 인성을 가진 예수님께서 공생애 삼 년 동안에 구원에 의한 모든 고난을 지으시고 마침내 십자가에 달려 죽으셨습니다. 새벽 여섯시에 끌려가셔서 재판 받으시고 아홉시에 골고다에서 십자가에 못 박히십니다. 열두시가 되자 온 어둠이 예루살렘에 다 덮였습니다 눈에 닿는 전 지역이 어둠으로 덮였습니다. 그리고 오후 세 시에 운명해 나가십니다. 여섯 시간 동안 십자가 고통 속에서 예수님은 여러분과 저의 모든 죄를 대리 속죄하시기 위한 모든 형벌을 친히 다 받으십니다. 그 형벌을 그의 몸과 영혼에 다 받으신 것입니다. 고작 여섯 시간 동안 매달렸는데 몸과 영혼에 우리의 모든 형벌을 영원한 지옥의 형벌을 다 받으셨다고요? 십자가에 몸이 찢겨진 것은 예수님 뿐 만이 아니라 강도들도 찢겼는데 그 정도 고통을 당하신 것으로 우리 죄를 다 속한다면 너무 가벼운 거 아니야? 혹시 그렇게 물어볼지 모르겠습니다. 예수님의 십자가 대속의 은혜를 너무 가볍게 보는 겁니다. 그런데 주님께서는 그날에 달리시면서 어떻게 말씀하셨습니까? "엘리엘리 라마 사박다니", "나의 하나님, 나의 하나님. 어찌하여 나를 버리셨나이까?" 이 한 마디를 십자가에서 또한 큰 소리로 외쳐 부르심으로 인해서 그의 십자가 죽음이 진실로 모든 죄를, 택한 자의 모든 죄를 용서하시기에 충분한 대속의 효과임을 드러내 주십니다. 우리가 아까 죄를, 죄인은 죄가 죄인 줄 모른다, 그랬습니다. 그리고 자기가 지은 죄를 가볍게 여깁니다. "뭐 이 정도 죄는, 이게 무슨 지옥의 영원한 형벌을 받을 죄야?" 하나님 앞에서 이렇게 따져 말할 것인 양 자기 죄를 가볍게 여깁니다. 다 무엇 때문에 그렇다고요? 하나님을 몰라서 하는 일이라 그렇습니다. 그런데 예수님께서 이 때 받아서 죽으신, 몸과 영혼에 당하신 그 고난과 그 형벌의 대속의 고난이 얼마나 크고, 크고 무서운 것인지를 우리가 너무 몰라서 그런 이야기를 하는 것입니다. 예수님께서 어찌하여 나를 버리셨나이까? 여기 어찌하여 라는 말은 이유를 따져 묻는 것이 아닙니다. 논리적 질문을 묻고 있는 것이 아닙니다. 신학적 질문을 묻고 있는 것이 아닙니다. 이렇게까지 제가 버림을 받아야겠습니까? 그 뜻입니다. 너무 기가 막힌 일을 당하면 하나님 어찌하여 나한테 이런 일을 주세요? 그렇게 이야기를 합니다. 너무 기가 막힌 일을 당하면, 너무 슬픈 일을 당하면 하나님! 어찌 저에게 이런 일을, 어찌하여 이런 일을 제가 무슨 일을 했다고 어찌하여 이런 일을. 그 때 어찌하여 해놓고 이유를 알겠다는 것이 아니라 당한 상황이 너무 슬프고 고달프니까 하나님 어찌하여 묻는 것 아니겠습니까? 예수님 지금 "어찌하여"란 질문은 신학적 질문이라기보다는 자신이 버림받은 상황에 대한 기가 막힘을 표현하는 말씀입니다. 이 표현이 얼마나 무서운 고통을 담고 있는지 묵상해보십시오. 사랑하는 사람에게 버림받아 보셨습니까? 여러분 혹시 부모님께 버림 받아보셨습니까? 사랑하는 사람에게서 버림을 받는 일이 얼마나 아픈지는 그 아픔을 겪어본 사람만 알 수 있습니다.

예수 그리스도와 하나님 아버지의 관계를 생각해 보십시오. 우리 주님께서 하나님 아버지와 누렸던 친밀한 상태를 생각해보십시오. 얼마만큼 친했을까요? 예수님은 사람이 되신 성자 하나님이십니다. 성부와 성자와 성령 하나님은 신성의 본질이 오직 하나이신 분이십니다. 삼위일체 하나님이신 성부, 성자, 성령 하나님께서는 위격으로는 제 1 위격, 제 2 위격, 제 3 위격으로 구별되시지만, 오직 한 본질이신 한 분 하나님이시므로, 세 위격들께서는 완전한 연합과 일치를 누리셨습니다. 그래서 그것을 신학자들은 아버지 안에 아들이 있고 아들 안에 아버지가 있으며 성령 안에 아버지와 아들이 있으니 서로 서로 안에 서로가 계신다고 말합니다. 셋이 있으나 하나요. 각 각 안에 세 분이 다 계십니다. 각 각 안에 모두가 계시고 셋 안에 한 분이 다 계시는 연합을 이루시고 계신 하나님께서는 서로 사랑으로 하나이신 분이십니다. 그런데 인성을 취하신 분이 누구십니까? 성자 하나님이십니다. 그러니까 인성을 가지신 성자 하나님이신 예수 그리스도께서는 이 땅에 계시는 동안 하나님 아버지와 말할 수 없는 친밀한 사랑의 연합을 이루고 계셨습니다. 하나님께서는 예수님께서 요한에게 세례를 받으실 때, 하늘에서 음성으로 "이는 내 사랑하는 아들이요"라고 말씀하셨습니다. 그러한 예수님은 인성 가운데 계시는 동안 한 번도 율법에 불순종한 적이 없으시고 아버지를 영화롭게 하시며 아버지로부터 또 영화롭게 받는 사랑의 관계를 누리셨습니다. 하나님께서는 예수님을 그처럼 사랑하는 아버지이셨습니다. 그렇다면 여러분과 저의 죄 때문에 십자가에 달리시는 그 때의 예수님은 사랑하는 아들이 아닙니다. 오직 죄인으로만 하나님 앞에 서 있을 뿐입니다. 영원하고 영원한 진노 아래 놓일 죄인 중의 괴수요, 죄인 중의 죄인으로 서있을 뿐입니다. 냉정하고도 무섭고 엄위 죄를 물으시는 공의의 하나님께서 차갑고도 냉엄한 심판을 십자가에 쏟으신 것입니다. 하나님께서 내리시는 말할 수 없는 진노가 영혼과 몸에 쏟아지면서 아버지로부터 버림받은 자의 고통이 호소되기 시작하는 것입니다. 그 고통의 크기는 하나님의 친밀한 관계의 깊이만큼 이해가 되어져야 합니다. 여러분 죄 지어보셨지요? 죄를 짓고 나서 회개도 못했는데, 죄의 수치스러움이 드러나면서 고통 가운데 놓이는 상황이 있을 수 있습니다. 그 때 하나님 앞에서 심령이 어떨까요? 하나님 앞에 나와도 친밀함이 없어지며 불안하고 하나님으로부터 소외된 상태로서의 영적 근심과 고통이 느껴지게 됩니다. 신자라면 그것을 조금씩 알 수 있는 기회들이 옵니다. 아니 그냥 쉽게 말해서 어릴 때 아버지 몰래 뭘 하나 잘못한 게 있는데 이게 드러나면 어떻게 합니까? 그럴 때마다 불안하고 초조하며 두려운 느낌이 다가옵니다. 이 모든 것들의 가장 극단적 상태를 예수님은 당하신 겁니다. 예수님께서는 하나님 아버지에게서 버림을 당하셨습니다. 예수님은 한편으로는 실제로는 하나님께 버림받았다 할 만큼 완전히 버림받은 영원한 고통아래 있었지만 또 다른 한편으로는 경험의 지식이 아닌 믿음의 지식이 있었습니다. 믿음의 안목에서는 하나님이 나의 하나님이라는 것을 놓치지 않으신 것입니다. 그래서 하나님께서 영원한 형벌에 처할 자처럼 징계를 받아, 하나님께서 완전히 자신을 버리고 내치신 것이 아닌가 싶은 상황을 당한 신자의 처지를 생각해 보시기 바랍니다. 예를 들어, 시편을 보게 되면 모든 사람이 다 그러한 자를 조롱합니다. "하나님이 당신을 버리셨다네. 자신을 보게나 하나님이 당신을 버리셨다네." 실제로 버렸다고 말할 수밖에 없는 어려운 상황에 있게 됩니다. 그러나 그 때라도 기도는 누구에게 합니까? 하나님께 하는 것입니다. 그 근거는 믿음입니다. 현실의 지식이 아니고 경험의 지식이 아니고 믿음의 지식입니다. 믿음의 지식으로 하나님을 붙듭니다. 나의 하나님, 나의 하나님. 예수님은 그래서 당하시는 현실 안에서 죄인의 죄를 구속하시는 의로운 죄인으로 모든 진노를 혼자 받으시지만 그러나 동시에 그분께서는 하나님을 향한 신뢰와 믿음을 굳건히 합니다. 그리고 자신이 당하는 모든 일이 하나님께서 택하여 부르신 자를 구원하기 위한 영원한 구원의 은혜의 시련인 줄 아시고 믿음 안에서 하나님을 향하여 끝까지 통곡하며 울며 기도합니다.

히브리서 5장에 보게 되면 "통곡하며 소원과 간구를 눈물로 아뢰자, 그의 경건함을 보시고 하나님께서 그를 세우시사 부활케 하셨다." 이렇게 말씀하고 있습니다. 주님은 "어찌하여 나를 버리시나이까?"라고 외치는 그 고통 속에서도 하나님을 놓지 않는 믿음 가운데 있었던 그런 분이셨습니다. 그 믿음이 우리를 다시 하나님께 나아갈 수 있도록 만드시는 중보자의 힘입니다. 주님께서는 마지막에 모든 것을 다 이루셨다 하시고 나서 영혼을 놓아 보내십니다. 자기 영혼을 떠나 보내십니다. 우리 성경에는 영혼이 떠나시다 되어 있는데 헬라어 원문의 뜻은 뭐냐 하면 주님께서 다 이루신 다음에 자기 영혼을 떠나 보내셨다 이렇게 기록되어 있습니다. 떠나 보내시고 그리고 아버지께 자신의 영혼을 의탁하시고 이 땅에서 행하실 속죄사역을 이루십니다. 그 은혜가 있어야 죄를 용서받습니다. 우리의 죄 값은 성자 하나님이 사람 되셔서 담당하셔야 하는 죄 값이었습니다. 살인죄이든, 생활 속에서 범하는 소소한 죄이든 예수의 십자가 아니면 용서받지 못하는 죄들입니다. 그래서 주님께서 죽으신 거예요. 그러니 살길은 어디 있습니까? 우리의 소망, 살길은 어디 있습니까? 우리 자신에게는 없습니다. 오직 예수 그리스도 한 분 밖에는 없습니다.

이제 조금 더 이야기를 하겠습니다. 이러한 죄의 절망 속에서 신자는 예수님을 만난 분들입니다. 참된 신자는 거듭난 사람들입니다. 곧 중생자입니다. 중생은 성령께서 우리를 거듭나게 하시는 것이므로 언제, 어떻게 이루어졌는지 우리가 알 수 없습니다. 우리는 아마도 내가 신앙을 고백하기 이전에 어릴 때 이미 중생하였을 수도 있습니다. 또는 신앙을 고백하기 바로 전에 중생의 은혜를 주셔서 신앙을 바로 고백하는 경우도 있어요. 어떤 때는 신앙을 형식적으로 고백하다가 나중에 중생을 하기도 합니다. 중생은 신자에게 구원받은 신자에게 반드시 있는 사건이지만 언제 어떻게 되었는지 잘 모를 수 있습니다. 그런데 대체로 신앙이 진실 되면 그리고 스스로 양심에 비추어 자신의 고백이 참된 것으로 확신할 수 있으면 중생자임에 틀림이 없습니다. 우리가 중생자인 것은 얼마나 완전한 신자인가로 판단하는 것이 아니라 우리의 신앙이 얼마나 진실한가를 묻고 있습니다.

여러분! 부모님을 사랑하십니까?. 항상 효도하시나요? 아니잖습니까? 우리가 또한 자식을 사랑합니다. 그래서 자식한테 항상 우리가 선대해주십니가? 우리 죄의 연약성 때문에 그렇게 하지 못합니다. 최선의 사랑을 다하지 못합니다. 부모이지만 자식에게도 최선의 사랑을 못 주고 있습니다. 그러나 사랑이라는 진실은 틀림없습니다. 나중에 자식이 커서 부모가 되 보면 이해하면서 부모에게 감사를 표합니다. 부모는 그 말을 듣고 자식이 이제 철이 들었구나 싶으면서 마음이 찡합니다. 부모와 자식 사이에 화해가 이루어지기도 합니다. 부모는 도리어 미안해 하면서, 네가 나를 이해해

주는 만큼 난 너를 그렇게 사랑 못해줬구나 말씀을 하지요. 자식은 엄마 아니에요. 제가 엄마가 되어 보니 제가 얼마나 큰 사랑을 받고 살았는지 알겠어요라고 말합니다. 이 경험의 테두리 안에서 보듯이, 부족하니까 이해받지 못하는 진실이라할지라도, 진실이 아닌 것은 아닙니다. 하나님에 대한 신앙도 그렇습니다. 우리는 하나님을 사랑합니다. 그런데 하나님 앞에 참 부끄러움이 역시 많습니다. 그래서 내가 중생자입니까 물어볼 때, 아니면 어떻게 하는가라는 두려움도 듭니다. 그런데 여러분이 참 신자, 구원받은 신자인가 하는 증거는 여러분의 허물을 들어 여러분이 중생자가 아니라는 부정적인 접근이 아닙니다. 비록 적더라도 주님을 사랑한 열매를 찾아보는데 있어요. 여러분, 주님 사랑하시고 예수 그리스도의 교회를 사랑하시고 예배를 사랑하시지요? 또 찬송할 때 기쁘고 기도할 때 감사하고, 잘못한 일이 있을 때 훌쩍훌쩍 울며 죄를 회개하기도 하고 합니다. 기도하며 그 응답이 이루어지면 기뻐하고, 또 말씀을 들으면 그 말씀이 기뻐서 심령이 힘을 얻습니다. 그렇지 않습니까? 이게 다 왜 그럴까요? 우리들의 믿음이 살아있기 때입니다. 영적으로 살아있기 때문에 그런 것입니다. 영적으로 살아 있다는 것은 다름아닌 중생의 증거가 됩니다.

그런데 이러한 중생자라 할지라도 완전한 삶을 살지 못합니다.

오늘의 강의는 비록 인간은 부패하였으며 절망 가운데 죽을 자들이지만, 신자에게는 절망이 없다는 사실을 제시하는 목표를 가지고 있습니다. 신자는 절망하지 않습니다. 신자에게 낙심이 있을 수 있습니다. 낙심은 신자에게도 찾아옵니다. 그런데 그 낙심에도 불구하고 신자에게는 소망이 있습니다. 로마서 7장이 그 이야기를 합니다. "오호라 나는 곤고한 사람이로다. 누가 이 사망에서 날 건져낼꼬?" 누가 한 말입니까? 사도바울이 한 말입니다. 사도바울은 중생자입니다. 그런데 자기 안에 하나님의 법을 사랑하는 것 말고 죄의 법을 끌어오는 자기를 본 것입니다. 하나님의 율법에 순종하고 하나님을 사랑해야지 이 마음의 법이 있는데 죄의 법을 끌어오는 또 다른 세력이 있는 것을 깨닫게 된 것입니다. 이 다른 세력이 내 안에 있는데 내가 어쩌지를 못하겠다는 것입니다. 내 의지와 내 판단이 내 마음에 성향을 어쩌지 못하겠다는 것입니다. 이 마음의 부패성, 이 마음의 밭은 나의 의지보다 위에 있습니다. 나의 선택을 이것이 결정해 버린단 말입니다. 하나님을 사랑하는 의지와 마음도 분명히 있는데 항상 하나님을 사랑하는 데로 내가 나아가질 못합니다. 도대체 어떻게 해야 할까요? 내 마음에 죄의 법 아래에 끌려가는 내 모습이 또 하나 있구나 하는 사실을 알고 사도바울은 로마서 7장 24절에 절망을 합니다. "오호라 나는 곤고한 사람이라 누가 나를 이 사망에서 건져낼꼬?" "누가 나를 건져낼꼬?" 이 탄식의 대답이 무엇입니까? 바로 여러분의 예수 그리스도입니다. 그래서 사도 바울은 신자임에도 불구하고 낙심을 하면서 다시 어디를 가지요? 소망이신 예수 그리스도만을 바라봅니다. 십자가입니다. 아 그렇도다. 그래서 예수님의 십자가 외에는 다른 길이 없구나. 이 은혜를 알고 그곳에서 소망을 찾습니다.

여기에서 신자에게 있는 영적 순환의 관계를 보시기 바랍니다. 로마서 7장 24절에 나는 곤고한 사람이라고 말했던 그가 로마서 8장에서 "그러므로 이제 그리스도 예수 안에 있는 자에게는 결코 정죄함이 없다"고 고백을 합니다. 소망을 찾은 것입니다. 소망의 근거는 무엇입니까? 로마서 7장 25절을 보니까 "예수 그리스도로 말미암아 하나님께 감사하리로다"라는 고백에 있습니다. 비록 내 자신이 마음으로는 하나님의 법을 육신으로는 죄의 법을 섬기는 이런 영적 갈등 사이에 여전히 있지만, 비록 중생자라도, 중생자라도 이런 영적 갈등이 있지만, 예수 그리스도께서 율법으로 인한 정죄로부터 나를 해방시켰으니 그러므로 말미암아 예수 그리스도께 감사한다고 고백을 합니다. 신자는 그래서 늘 십자가, 십자가 하면서 사랑하고 사는 것입니다. 어느 누가 신자 신앙생활 팔십 년 살았다고 해서, 나는 모태신앙 백 년 동안 신앙생활 했다고 해서 내가 십자가를 없이도 살 수 있겠다는 말을 감히 하겠습니까? 평생 신자의 자랑은 예수 십자가뿐입니다. 나는 죄인입니다. 그러나 주님께서 의로우시고 주의 의로 나를 덮여주셔서 내가 주님의 은혜로 살아갑니다. 이 은혜로 살아가는 가운데 성령의 은혜가 역사하기 시작하는 것입니다. 그래서 신자에게는 두 가지 모습이 발견됩니다. 신자의 마음속에 여러분의 마음속에는 죄의 법 아래로 끌려가는 연약성이 있습니다. 이것을 육체의 연약성이라고 말합니다. 신자의 옛 사람의 흔적이 남아 있다고 합니다. 그러나 여러분은 새 사람인 중생자이며, 성령의 열매가 있습니다. 이것은 하나님의 의를 갈망합니다. 더욱더 하나님의 말씀을 듣고 싶고 하나님 나라의 거룩을 사랑합니다. 하나님을 사랑해요. 이 마음이 여러분에 한 쪽에 있고 한 쪽에 죄의 썩은 냄새를 자꾸 좋아하는 옛 사람의 모습이 있는 거예요. 이것이 여러분의 상태이며, 중생자의 상태입니다. 그런데 하나님께서는 우리를 예수 그리스도 안에 있는 자로 보면서 우리를 의인으로 보십니다. 갈등의 존재로 보지 않으시고 의인의 신분으로 인정해주시고 하나님 자녀로 완전히 인정하시는 것입니다.

우리가 하나님을 사랑하는 마음, 의를 갈망하는 마음을 갖게 된 것은 하나님께서 우리를 먼저 하나님의 자녀로 삼아 주셔서 그런 것입니다. 하나님 자녀가 아닌 사람은 이러한 사랑의 마음을 갖지 못합니다. 여러분에게 있는 하나님 나라와 갈망, 사모하는 마음, 죄를 짓고 나면 회개하는 마음은 하나님께서 주신 것입니다. 이것이 중생자의 간증입니다. 우리가 이 모습으로 중생자를 확인하는 것입니다. 이 모습, 옛 사람이 죄를 끌려가는 모습 때문에 우리가 중생자가 아니라고 판단하는 것이 아니고, 우리에게 있는 하나님을 사랑하는 모습으로 중생자를 판단하는 것입니다. "아 내가 하나님께 은혜를 입었구나. 이 은혜를 입었으니 하나님이 나를 하나님 자녀 삼으신 것이 맞구나"하고 고백을 하는 것입니다. 우리는 다 주안에서 성령 안에서 하나의 교통을 이루고 있습니다. 그래서 로마서 7장 24절 "나는 오호라 곤고한 사람이라"는 옛사람으로 인한 탄식입니다. 로마서 8장 23절을 보겠습니다.

> 그뿐 아니라 또한 우리 곧 성령의 처음 익은 열매를 받은 우리까지도 속으로 탄식하여 양자 될 것 곧 우리 몸의 속량을 기다리느니라(롬 8:23).

양자될 것, 이미 양자인데 양자로서의 누리는 영광스러운 성령의 충만한 모습을 기다리는 것입니다. 주님께서 재림하시어 우리의 몸을 지금의 썩어질 몸이 아니고 부활의 영광된 몸을 입게하시도록 우리는 몸의 속량을 기다립니다. 그리고 하나님만을 전적으로 사랑하며 살아가는 풍성한 은혜를 구하는 마음이 듭니다. 왜 그러합니까? 한편으로는 곤고한 사람이라는 나의 탄식 때문이 있기 때문입니다. 그리하여 내 마음은 하나님 나라의 의에 대한 갈망으로 가득한 것입니다. 신자에게는 한편으로는 "내가 오호라 내가 곤고한 자로다"(롬 7:24절). 한편으로는 "하나님 나라의 의를 소망 중에 바라며 주여 어서 오시옵소서, 내 몸을 새롭게 하옵소서. 내 심령을 주와 함께 닮게 만드시기를 원하옵나이다"(롬 8:23)라는 의를 이루고자하는 마음과 죄로 인한 탄식이 우리 마음속에 항상 있습니다. 그래서 계속 십자가를 바라보고 나가는 것입니다. 이렇기 때문에 신자는 열매를 보면 그를 안다. 라는 말씀을 할 수 있게 된 것입니다.

우리는 이 죄의 연약성 때문에 내 자신이 죄인인 것을 고백하고 율법의 정죄 아래 몸부림을 치지만, 그럼에도 불구하고 율법의 정죄를 폐하신 십자가의 은혜와 부활의 영생의 약속을 듣고 이를 기뻐하면서 하나님 의를 사모하는 마음이 간절합니다. 이러한 신자에게 있어 나는 더 이상 이 옛 성품대로 죽을 것이 아니요. 성령의 쫓아 살아가는 의의 열매요, 성령의 열매를 맺고자 하는 간절한 바람을 가지고 사는 자입니다. 이러한 소망이 진실하므로 성령 하나님의 도움을 바라는 가운데 결코 망하지 않는 자로서 열매를 맺습니다. 비록 항상 승리하지는 못하지만 적어도 죄에 질질 끌려 다니면서 망할 자처럼 살지 않는다 말입니다. 물론 신자라 할지라도 인생을 살아가면서 어느 시기에 강한 유혹과 시험에 빠지면 어느 정도 기간 동안 죄 가운데 살기도 합니다. 그러나 그 세월은 그에게 고통의 기간입니다. 죄 짓는 것이 잠깐은 달게 느껴지지만, 영혼을 황폐케 하므로 그것이 쓰디쓰다는 것을 알게 됩니다. 그런데도 죄가 쉽게 끊어집니까? 그래서 어떤 이는 죄를 끊지 못해 죄악의 수치를 당할 때까지 계속 죄 가운데 있다가 망합니다. 어떻게 하면 이러한 상태에서 벗어날 수가 있을까요? 부패한 심령을 다스리는 일은 경건생활을 통해서만 가능합니다. 규칙적인 경건이 그렇게 소중합니다. 그런데 경건을 가벼이 여기면 돌아올 길이 없습니다. 사랑하는 교우 여러분, 시험이 든 상태에서 회복되는 일이나, 교회를 출석하며 경건생활에 힘쓰는 일이야 말로 시험에 든 자가 살아나는 유일한 길입니다. 그런데 만일 어떤 이가 말하기를 자신이 시험에 들어 경건한 생활을 못하겠으니 지금은 그냥 그대로 가고, 때가 되면 다시 경건생활을 할 것이라고 말하는 분들이 있습니다. 그러나 그러한 분은 매우 잘못된 판단을 하고 있습니다. 그것은 바로 죄의 타성에 젖은 생활을 더 이어가겠다는 고집 밖에 안 됩니다. 스스로 죽을 자의 길을 걸어가겠다는 고집입니다. 이런 상황에서 성령 하나님께서는 신자에게 계속 말씀을 하십니다. 신자를 그냥 두시지 않으십니다. 때로는 설교의 말씀으로 책망도 하시고, 때로는 징계도 하십니다. 그 결과 마침내 죄를 이겨내는 은혜를 입게 되거나 더 나아가서 적극적인 의미에서 회개의 열매를 맺으며, 예수님의 은혜를 크게 깨닫고 감사하며, 하나님을 사랑하는 마음을 다시 갖게 됩니다. 로마서 8장 1절부터 4절을 읽겠습니다.

> 그러므로 이제 그리스도 예수 안에 있는 자에게는 결코 정죄함이 없나니 이는 그리스도 예수 안에 있는 생명의 성령의 법이 죄와 사망의 법에서 너를 해방하였음이라 율법이 육신으로 말미암아 연약하여 할 수 없는 그것을 하나님은 하시나니 곧 죄로 말미암아 자기 아들을 죄 있는 육신의 모양으로 보내어 육신에 죄를 정하사 육신을 따르지 않고 그 영을 따라 행하는 우리에게 율법의 요구가 이루어지게 하려 하심이니라(롬 8:1-4).

3절에 율법이 육신으로 말미암아 연약하여 할 수 없는 것이 있다고 말씀합니다. 육신으로 말미암아 연약해서 중생자조차도 할 수 없는 그것은 무엇이겠습니까? 4절 하반절에 나오는 율법의 요구입니다. 율법이 요구하는 바는 무엇입니까? 그것은 율법에 따른 의의 실현입니다. 그러나 우리는 심령이 부패하여 율법의 요구를 이루지 못합니다. 그런데 놀라운 약속이 주어지고 있습니다. 우리가 이룰 수 없는 일을 하나님께서 행하여 주신다고 선언합니다. 어떻게 하심으로 그 일을 이루시는 것일까요? 3절 하반절을 보시기 바랍니다. "… 죄로 말미암아 자기 아들을 죄인의 육신의 모양으로 보내어 죄를 정하셨다." 우리는 예수님께서 십자가 위에서 "엘리 엘리 라마 사박다니"라고 말씀하신 것을 앞에서 살피면서, 예수님의 죽으심이 율법의 완전한 의를 이루셨다는 것을 살펴보았습니다. 율법의 의를 이루신 예수님께서는 예수님을 믿고 의지하는 자에게 그 의를 주십니다. 그래서 하나님께서는 신자들을 보실 때 신자가 율법의 의를 스스로 다 이룬 것처럼 여기시며 의인으로 인정하십니다. 그러므로 신자의 의는 본래 자신의 의가 아닙니다. 그것은 전가받은 그리스도의 의입니다. 그리스도의 의의 전가로 말미암아 마치 신자가 스스로 율법을 다 이룬 사람처럼 하나님은 그 신자를 의인으로 인정을 하십니다. 그러한 이치를 따라서 4절은 "우리에게 율법의 요구가 이루어지게 하려 하심이니라"고 교훈을 합니다.

아울러 4절은 이러한 일이 육신을 따르지 않고 그의 영을 따라 행하는 자에게 이루어진다고 교훈합니다. 여기서 주의를 기울여야 합니다. 영을 따른다는 것은 성령을 따른다는 것을 의미합니다.

그렇다면 이 말씀은 마치 사람이 성령을 따라 행함으로 그리스도의 의가 자신에게 전가 된다는 말씀으로 해석이 될 우려가 있습니다. 그러나 그것은 올바른 해석이 아닙니다. 왜냐하면 로마서 5장 8절에서 이르시기를 "우리가 아직 죄인 되었을 때 그리스도께서 우리를 위하여 죽으심으로 하나님께서 우리에 대한 자기 사랑을 확증하셨다"고 말씀합니다. 이 말씀을 기억하시기 바랍니다. 우리가 하나님의 자녀가 되는 일은 우리가 여전히 죄인일 때에 우리의 공로 없이 부름을 받아 이루어진 일입니다. 그리스도의 복음의 약속을 믿을 때에 바로 이루어진 사실입니다.

그러면 왜 영을 따라 행하는 우리에게 그리스도의 율법의 요구가 이루어진다고 말씀하셨을까요? 여기에는 중생한 자의 낙심과 소망을 이어주는 아주 놀라운 핵심 고리가 있습니다. 그것은 다름 아닌 성령 하나님의 사역입니다. 예수 그리스도의 복음을 믿는 자는 그리스도의 의를 값없이 전가 받아 하나님의 자녀가 됩니다. 그런데 이러한 믿음은 누가 주십니까? 성령께서 주십니다. 우리에게 믿음을 주실 때, 성령께서는 이미 우리를 중생시키신 것이며, 아울러 우리로 하여금 죄에 대한 회개와 하나님의 은혜에 대한 간구를 하도록 이끌어 가십니다. 그리하여 죄인은 회개하며 하나님의 용서를 구하며 그리스도의 은혜의 복음을 사랑하게 됩니다. 하나님의 긍휼을 찬송하면서, 자신에게 있는 죄를 미워하고, 하나님의 율법을 성취하고자 하는 사랑의 마음을 고백하게 됩니다. 신자인 여러분 가운데 바로 이것이 있는 것입니다. 로마서 8장 4절이 말하고 있는 바는 바로 이러한 사실입니다. "육신을 따르지 않고 그 영을 따라 행하는 우리에게 율법의 요구가 이루어지게 하려 하심이니라."는 말씀은 성령 하나님께서 믿음을 주시고 죄를 회개하고 의를 사랑하는 마음을 주신 자에게 율법의 요구, 곧 그리스도의 의가 전가되는 일이 이루어진다는 말씀입니다. 다시 말해서 그리스도의 복음을 듣고 믿어 의롭게 되는 자는 성령 하나님께서 이미 그 자에게 은혜를 베풀어 육신을 따르는 삶을 회개하고 영을 따르는 삶을 살아가도록 이끄십니다. 누가 믿음으로 의롭다함을 받는지를 살펴보니, 바로 성령 하나님께서 은혜를 주신 자입니다. 그러므로 의롭다함을 받기에 합당한 믿음을 고백하는 자는 이미 그 믿음을 주신 성령 하나님께서 그에게 또한 육신을 따르지 않고 영을 따르도록 은혜를 베푸신 자입니다. 그러므로 믿음으로 의롭다함을 받는 칭의의 은혜는 거룩한 영의 인도함을 따라 살아가는 성화의 은혜와 분리되지 않습니다. 그러나 사람이 먼저 영을 따르는 믿음의 순종을 통해 의롭게 된다는 주장은 잘못된 것입니다.

이러한 사실은 로마서 8장 5절 이하에 기술되어 있는 성화의 은혜와 관련한 내용에서 잘 확인이 됩니다. 5절 "육신을 따르는 자는 육신의 일을, 영을 따르는 자는 영의 일을 생각하나니"의 말씀은 이미 믿음으로 의롭다함을 받은 자에게서 나타나는 영적 상태 또는 열매를 설명하고 있습니다. 곧 참된 믿음에 의한 칭의와 회개의 열매를 맺는 성화의 은혜는 분리되지 않음을 보여주는 것입니다. 그래서 중생자에 대하여 이렇게 말씀드릴 수가 있습니다. 중생한 신자는 옛 사람으로 인해서 슬퍼하고 낙심하지만 그러나 중생자는 또한 그리스도를 믿음으로 의롭다 함을 받도록 하셨던 성령 하나님의 은혜가 이미 그 자신 안에 역사하고 있는 자입니다. 그렇기 때문에 만일 누가 그리스도 안에 중생자는 어떠한 자인가를 물으면, 누가 구원 받은 자이며 또한 누가 의롭게 된 자인가를 물으면, 지금 로마서의 말씀에 근거하여 육신을 따르지 않고 영을 따르는 자라고 답을 할 수가 있습니다. 그러나 이러한 답은 결과적인 현상을 근거로 하는 대답입니다. 이것을 오해하여 마치 육신을 따르지 않고 영을 따르는 순종으로 인하여 그것을 근거로 중생을 받은 자가 되거나 의롭다 함을 받는 자가 된다고 말하면 옳지 않습니다. 이러한 사실을 성경은 또한 열매를 보고 나무를 안다고 교훈하고 있습니다. 다른 곳에서는 같은 원리를 행함이 없는 믿음은 죽은 것이라는 말씀으로 표현도 합니다. 사랑하는 교우 여러분, 신자는 오직 은혜로 의롭다함을 받아 하나님의 자녀가 됩니다. 영생을 기업으로 받습니다. 그러한 신자는 옛 사람의 흔적으로 인하여 죄를 범하고 또한 낙심을 하기도 합니다. 중생자에게도 낙심이 있을 수가 있습니다. 그러나 절대로 낙심 가운데 머물러 절망의 수렁에 빠져 다시 버림받는 일이 있지 않습니다. 다시 회개하고 주님 앞에 돌아서게 되는 은혜를 반드시 누리게 됩니다. 왜냐하면 성령 하나님께서 중생자에게는 이미 육신을 따르지 않고 영을 따르는 자가 되도록 은혜를 베푸셨기 때문입니다. 이 은혜는 모든 신자에게 다 주어진 것이므로, 혹 실족하여 죄를 범할 때라도, 더 나아가 성화의 과정에서 온전함을 이루지 못할 때라도, 신자는 절망의 수렁에서 건짐을 받습니다. 그리고 그리스도의 은혜를 바라며, 마지막 날 새롭게 하실 종말의 소망을 바라보며 살게 됩니다.

지금까지 말씀드렸던 이 영적 원리 때문에 우리는 신앙생활을 이렇게 정의할 수 있습니다. 그것은 날마다 그리스도의 은혜로 용서받은 자의 행복을 마음껏 마음에 받고, 주님을 사랑하며 감사하는 마음으로 순종을 살아가는 것입니다. 그리고 불순종의 괴로운 일이 있게 될 때, 다시 그리스도의 용서의 은혜를 받은 자로 회개하며 다시 새로운 은혜로 살아가는 것입니다. 말하자면 옛 사람을 벗고 새 사람을 입는 것이며, 육신을 죽이고 성령을 따라 살아가는 것입니다. 이것이 바로 사랑하는 교우 여러분이 살아 가고 계신 신앙생활입니다. 부패한 인간에게는 절망뿐이지만, 신자에게는 항상 소망이 함께 합니다.

3

하나님의 형상을 가진 인간
요 17:24

안상혁 목사

오늘 우리가 할 이야기는 인간에 관한 이야기입니다. 바로 우리에 관한 이야기입니다. 제목은 "하나님의 형상을 가진 인간"입니다. 본문 말씀은 요한복음 17장 24절입니다. "아버지여 내게 주신 자도 나 있는 곳에 나와 함께 있어 아버지께서 창세전부터 나를 사랑하심으로 내게 주신 나의 영광을 그들로 보게 하시기를 원하옵나이다" 본문 말씀은 그리스도의 영광을 선포하는 말씀입니다. 도대체 이 말씀이 오늘의 주제인 인간론과 어떻게 연결되어 있을까요? 이것을 이해하는 것이 오늘 우리의 목표입니다. 목표 지점에는 그리스도의 영광이 있습니다. 그리스도의 영광 안에 저와 여러분에 관한 이야기가 있습니다.

1. 인생의 문제

재미있는 그림을 여러분께 소개하면서 시작을 하도록 하겠습니다. "안수정등도(岸樹井藤圖)"입니다. 수년 전에 선교 합신 행사 때 불교권 선교사님을 모시고 말씀을 들은 일이 있습니다. 그 선교사님이 우리들에게 "안수정등도" 소개해 주었습니다. 그 날 바로 저도 이 그림을 직접 찾아보았습니다. "불설비유경(佛說譬喩經)"에 나오는 흥미로운 이야기입니다. 워낙 유명한 그림이기 때문에 유명한 사찰들은 다양한 형태의 그림으로 소장하고 있습니다. 내용은 같아요. 석가모니께서 승광왕(勝光王)에게 "사람이란 무엇인가?"에 관해 교훈한 내용입니다. 인간의 본질 혹은 인생의 본질에 대해서 설명한 것입니다.

어떤 사람이 들에서 배회하다가 코끼리를 만났습니다. 우리는 코끼리를 친숙한 이미지로 기억하지만, 실제 야생에서 사나운 코끼리 만나면 상당히 위험하다고 합니다. 코끼리가 화가 나서 밟으면 사람이 죽지요. 근데 이 사람은 사납고 미친 코끼리를 만난 것입니다. 그 코끼리가 쿵, 쿵, 쿵 그러면서 자기를 따라 옵니다. 그래서 걸음아 나 살려라 도망을 가는데 저기에 이제 큰 우물이 보여요. 잘 됐다. 저기 가서 숨어야 되겠다. 도착해 보니, 거기 등나무가 있습니다. 등나무 줄기를 잡고선 그 우물 안으로 내려갑니다. 코끼리가 지나가기를 바랍니다. 그런데 코끼리가 지나가지 않고 거기서 그냥 발을 구르면서 위협을 하고 있어요. 할 수 없이 줄기를 붙잡고 매달린 채 기다리고 있습니다. 그런데 왠지 모르게 분위기가 안 좋습니다. 바닥을 보았더니 독을 품은 큰 용이 한 마리 있는 거예요. '큰일 났다. 코끼리를 피해서 왔는데 잘못하면 이제 내가 독룡에게 잡아먹히겠다.' 가만 보니 용만 있는 게 아니었습니다. 우물 안 벽에 곳곳에 독사 네 마리가 자기를 노려보고 있는 것입니다. 매달린 몸이 어느 한 쪽으로 치우쳐도 안 되겠죠? 설상가상입니다. 독사 때문에 움직이지 않고 가만히 있는데 어디선가 사각 사각 소리가 들립니다. 위를 올려다 보았더니 자기가 생명줄처럼 잡고 있는 등나무 줄기를 쥐 두 마리가 와서 갉아먹기 시작하는 것입니다. 하나는 흰 쥐고 다른 하나는 검은 쥐입니다. 게다가 멀리 보니 들판에 불이 났습니다. 들불이 나무쪽으로 다가오는 거예요. 결국에는 그 나무에도 이제 불이 붙게 되었습니다. 어쩔 수 없이 흔들리는 동안 그만 나무에 있는 벌집을 건드리고 말았습니다. 이제 수 많은 벌들이 막 나와서 자기 머리를 쏘기 시작합니다. 여러분 정말 이런 일이 나에게 닥친다면 얼마나 힘들겠습니까? 그렇죠? '야 이제 나는 죽었다.' 이렇게 생각하고 있는데 갑자기 혀끝에서 달콤함을 느낍니다. 그 벌집에서 벌꿀 다섯 방울이 똑, 똑, 똑 떨어집니다. 그게 혀끝에 이렇게 탁, 탁 닿으면서 '아, 달콤하다!'라고 느낀 겁니다. 그림 속의 주인공은 입을 벌리고 떨어지는 꿀을 받아먹느라 잠시 마음을 빼앗깁니다.

석가모니가 이렇게 말합니다. "이게 바로 인생입니다." 인생의 본질이 이와 같다는 것입니다. 제가 동국대 어떤 교수님 글을 하나 여러분께 소개했습니다. 조금씩 다르게 해석할 수도 있다는 사실을 미리 말씀드립니다. 그 교수님의 글에 따르면, 코끼리는 인생무상(人生無常)의 "무상"에 해당한답니다. 어떤 글을 보니 우물은 우리가 태어나는 것을 상징한다고 합니다. 불교에서는 태어날 때 전생의 업보를 갖고 태어난다고 하지 않습니까? 그것이 코끼리라고 합니다. 자, 우물 안에 있는 독룡은 죽음을 의미합니다. 모든 인생은 죽음을 향해서 결국은 떨어지겠죠? 그 사람이 잡고 있는 등나무는 생명줄입니다. 붙잡고 있는 생명줄, 곧 등나무 줄기를 쥐가 갉아 먹습니다. 검은색과 흰색의 쥐는 각각 낮과 밤입니다. 낮과 밤 쉬지 않고 사각, 사각 갉아먹는 것이지요. 지금 이 순간도 우리의 시계는 무덤을 향해서 착, 착, 착 돌아가고 있습니다. 그래서 밤낮으로 우리 생명의 줄이 이렇게 단축되는 것을 이야기하고요. 어차피 죽은 것은 기정사실인데 들판에 불이 났어요. 그것은 큰 질병이나 노화를 상징한다고 합니다. 독사가 네 마리도 있습니다. 그것은 오늘 우리가 다루게 될 인간의 구성적 본질을 이야기합니다. 네 마리 독사는 우리의 육체를 구성하는 4대 요소, 곧 물, 흙, 불, 바람 등을 의미합니다. 흥미롭게도 서양의 고대 사상에서도 동일한 내용을 말했습니다. 인간을 구성하는 요소들 자체가 유한성을 갖습니다. 그게 결국은 우리에게 독이 돼서 우리를 죽음으로 자꾸자꾸 끌어 내리는 것이지요. 벌은 무엇일까요? 불교적 용어로 하면 삿된 생각들, 산상 수훈의 표현을 찾자면 "염려"에 해당합니다. 우리 인생은 일평생 염려 속에 삽니다. 막 벌이 머리를 쏘는 것처럼 염려가 우리의 머리를 쏘아댑니다. 지금 앉아 있으면서도 염려가 많은 분들은 마치 벌에 쏘이는 것과 같은 것입니다. 이제 마지막입니다. 꿀 다섯 방울이 등장합니다. 이것은 인생의 오욕(五慾)입니다. 우리가 인생 살아가면서 육적으로 우리가 원하는 욕구들이 있습니다. 제일 강한 것은 수면욕이에요. 잠자고 싶은 것, 지금도 잠자고 싶은 분이 있지요? 달콤합니다. 잠자는 달콤함을 누리셔도 좋습니다. 제가 깨워드리겠습니다. 다음은 식욕입니다. 맛있는 음식을 먹는 것은 정말 인생의 큰 즐거움입니다. 그 다음엔 성욕입니다. 다음은 재물욕입니다. 마지막은 명예욕입니다. 이러한 인생의 욕구를 달콤한 꿀 다섯 방울로 표현한 것입니다. 사실 인생은 이렇게 절박한 위기에 놓여있습니다. 그런데도 우리는 이 다섯 방울의 꿀맛을 보면서 그걸 잠시 잊는다는 것이죠. 이것이 인생입니다. 그래서 불교의 교리는 "고(苦)"를 강조합니다. 인생은 고통이에요. 고통으로부터 어떻게 벗어나느냐? 멸집(滅執)이 답입니다. 우리의 집착과 욕심을 버려야 된다는 것이지요. 요컨대 "안수정등도(岸樹井藤圖)"는 불교의 전형적인 교리를 잘 설명해 줍니다.

불교의 인간관에서는 이러한 인생의 본질적인 모습을 있는 그대로 수용하라고 가르칩니다. 쓸데없이 욕심을 부리지 말고 저항하지 말자. 죽음도 그대로 수용하자는 말입니다. 생자필멸(生者必

滅)이라는 말도 있습니다. 정토종 교단의 혜경 스님이라고 계셨는데요. 이 분이 감옥에서 성경책을 읽다가 회심을 하고 목사가 되셨어요. 이 분이 불교에서 기독교로 옮기게 된 계기는 누가복음 7장을 읽었을 때 마련되었습니다. 불교경전에 나오는 스토리와 예수님께서 나인성 과부의 아들을 살리신 사건이 너무나 대조가 돼서 충격을 받았다고 합니다. 불교에서는 이제 독자를 잃은 어머니가 석가모니에게 찾아와서 우리 아이 좀 어떻게 살려 달라고 합니다. 그래서 석가모니가 죽음을 삼 대째 보지 않은 가정에 가서 쌀을 좀 얻어다가 밥을 지어서 먹으면 살아날 것이라고 말합니다. 그래서 과부는 하루 종일 그런 집을 찾아다녔다는 겁니다. 그런데 죽음을 경험하지 않은 집이 어디 있겠어요? 결국 빈손으로 석가모니에게 돌아왔습니다. 그 때 석가모니가 한 말이 바로 "생자필멸(生者必滅)이니라"입니다. 누가복음에는 이와 유사한 스토리가 기록되어 있습니다. 그러나 결론이 다릅니다. 예수님은 과부의 아들을 살려주십니다. 기독교는 생명의 종교임을 보여줍니다. 이 때문에 충격을 받고 혜경 스님은 기독교로 회심한 것입니다.

흥미롭게도 불교의 안수정등도와 유사한 내용이 우리 기독교 전통 안에서도 발견됩니다. 우리가 존경하는 칼빈 목사님의 말씀입니다. 처음 이 부분을 읽으면서 깜짝 놀랐습니다. 마치 안수정등도를 직접 본 듯이 칼빈은 다음과 같이 말합니다.

올려다보면 수많은 위험이 우리를 위협하고 내려다보면 온갖 독이 독처에 도사리고 있다. 수많은 맹수가 당신을 찢으려 한다. 수많은 뱀들은 또 어떠한가? 칼, 함정, 걸림돌, 협곡, 붕괴된 건물들, 돌, 날아오는 창과 같은 위험이 셀 수 없이 많다. 간단히 말하면 한 발자국을 내딛기 전에 열 가지의 죽음을 경험할 것이다. 우리의 삶은 비단 실에 매달려 있는 듯 하고 우리는 온갖 죽음에 둘려 싸여 있다.

정말 그렇습니다. 안수정등도에 나오는 내용이 기독교에도 있습니다. 우리도 인생의 이러한 위기 상황을 잘 인식하고 있습니다. 물론 불교랑 다른 것이 있습니다. 기독교는 이러한 상황이 어떻게 벌어졌는지 우리는 그 기원을 압니다. 그리고 이것이 다가 아닌 것을 압니다. 생자필멸이 아닙니다. 하나님은 인류의 비참한 상황에서 실제로 구원의 역사를 일으키시고 우리에게 부활 생명을 주신 것입니다. 혜경 스님에게 충격을 준 생명은 바로 부활생명인 것입니다. 부활생명은 기독교를 차별화시킵니다. 불교신앙에 젖어 있는 분들과 대화할 때, 이러한 이야기를 일종의 접촉점으로 활용할 수 있다고 생각합니다. 일단 불교가 인류의 문제를 잘 진단했다고 칭찬하는 것이 좋습니다. 세상에는 인생의 문제가 무엇인지도 모르고 사는 사람이 너무 많습니다. 불교가 인생의 비참한 상황을 잘 읽어낸 면이 있습니다. 그러나 불교는 인생문제의 전후좌우를 잘 모르는 한계를 노출합니다. 그 불교에서 이야기 하지 못하는 부분들이 성경에 있음을 지적하며 기독교의 복음 진리를 소개하면 좋겠다는 생각을 합니다.

2. 인생의 목적

인간은 어쩌다가 이렇게 안수정등도에 나오는 상황 속에 처하게 된 것일까요? 처음부터 그런 것이 아니었습니다. 성경은 인간의 기원과 목적 명시적으로 제시합니다. 기억하기 아주 쉬운 구절이면서, 반드시 알아야 하는 구절을 소개합니다. 이사야 43장 21절 말씀입니다. "이 백성은 내가 나를 위하여 지었나니 나를 찬송하게 하려 함이니라." 이 말씀은 인생의 기원과 목적을 알려줍니다. 아이가 태어날 때, 흔히 "당신은 사랑받기 위해 태어난 사람"이라는 노래를 불러줍니다. 그것도 좋지만 그것보다 더 중요한 것이 "네가 왜 태어났는지" 그 이유를 가르쳐주는 것이 중요합니다. 생일 때마다 이 말씀을 암송시켜야 되요. 우리가 이 세상에 태어난 목적은 분명합니다. 하나님의 영광을 위해서 하나님을 찬양하는 존재로 하나님께서 우리를 지으신 것입니다. 사람은 하나님을 찬양하는 존재로 지음 받은 것이다.

이사야 43장 21절에는 사람의 기원과 목적에 관련해서 우리가 주목해야 될 또 하나의 단어가 있습니다. 바로 "백성"이라는 단어 입니다. 안수정등도에는 한 개인이 매달려 있습니다. 반면에 본문은 "이 백성은"으로 시작합니다. 여러분 개미를 연구하기 위해서는 개미 하나를 잡아다가 전자 현미경으로 보는 것으로 부족합니다. 개미의 개미 됨을 알기 위해서는 개미 "집단"을 살펴보아야 합니다. 한 마리에서는 발견 할 수 없는 영광스러운 모습이 집단 속에서 잘 드러납니다.

남미에 가면 이 정말 큰 개미집이 하나 발견돼서 제가 우리나라 텔레비전에서도 이것을 보았습니다. 가위 개미집입니다. 굉장히 큰 개미집입니다. 결코 한 마리가 이것을 지을 수 없습니다. 그러나 개미가 하나님께서 처음 지은 목적대로 떼를 이루어서 살 때, 사실 사람이 우리가 사는 집, 내가 사는 집보다 더 큰 집도 개미가 짓습니다. 이 규모에 있어서도 이렇게 큰 집이 있고 또 하나, 아프리카에 가면 높이 6m에 달하는 흰 개미집이 있습니다. 연구자들이 흰 개미집의 구조를 살펴보았더니 일종의 냉난방 시설이 잘 되어 있더랍니다. 그래서 이 개미집의 공기 순환 원리를 그대로 적용하여 만든 큰 빌딩을 소개하는 T.V. 프로그램을 본 적이 있습니다 그 빌딩은 에어컨이 없는데도 시원하다고 합니다. 이 개미집 안에는 알을 부화시키고 키우는 곳도 있고, 식량을 저장하는데도 있는데 각각 다른 온도로 일정하게 유지될 수 있답니다. 개미의 건축 기술을 이해하기 위해서는 한 마리만을 연구해서는 잘 모릅니다.

사람도 마찬가지입니다. 사람의 사람됨은 공동체 안에서 확인됩니다. 그래서 하나님께서는 "너"가 아닌 "이 백성"을 지은 목적에 대해 말씀하신 것입니다. 사람의 영광과 존재 목적은 "나"보다는 "우리" 안에서 잘 드러납니다. 지금 우리가 교회로 이렇게 모였잖아요? 하나님이 우리를 지으신 목적, 사람을 지으신 목적이 나 혼자 있을 때 잘 몰랐던 것이 이렇게 모이면 잘 드러나게 됩니다.

3. 사람의 구성적 본질

이러한 사람을 하나님께서 무엇으로 만드셨을까요? 하나님께서는 사람을 흙으로 만드셨다고 말합니다. 그런데 더욱 중요한 재료가 있습니다. 창세기 1장 27절을 읽어봅시다. "하나님이 자기의 형상 곧 하나님의 형상대로 사람을 창조하시되 남자, 여자를 창조하셨다"고 성경은 말합니다. 그러니까 사람의 핵심적인 구성적 본질은 바로 "하나님의 형상"입니다. "하나님의 형상"이 무엇인지를 이해하는 것이 굉장히 중요합니다. 라틴어로는 "이마고 데

이"(Imago Dei)라고 말합니다. 하나님의 형상을 설명하는 핵심구절은 에베소서 4장 24절입니다. "하나님을 따라 의와 진리의 거룩함으로 지으심을 받은 새 사람을 입으라."

개혁파 전통은 하나님의 형상을 크게 두 가지로 구분을 합니다. 좁은 의미에서, 하나님의 형상의 핵심에는 "의와 진리와 거룩함"이 있습니다. 하나님 형상의 왕좌를 차지하는 요소들입니다. 한편 조금 더 넓은 의미로 하나님의 형상을 이야기 할 때는 다른 동물들과 차별되는 인간의 특징, 그러니까 인간을 이성적 피조물 혹은 인격체로 지으신 사실을 부각시킵니다. 흔히 "지정의"를 갖춘 이성적 피조물로서의 인간을 강조합니다. 우리는 지정의를 가진 면에서 생물들과 차별화 됩니다. 이것이 바로 넓은 의미의 하나님의 형상이 의미하는 것입니다.

4. 하나님의 형상에 대한 교파별 이해

성경의 구속사를 흔히 창조, 타락, 구속, 극치의 네 단계로 설명합니다. 각 단계에서의 하나님 형상을 기독교의 주요 교파들이 어떻게 이해하고 있는지를 설명 드리겠습니다. 특히 "칭의론"과 관련지어 살펴보고자 합니다.

1) 펠라기우스 주의

첫째, 펠라기우스 전통입니다. 소위 펠라기우스주의는 비록 기독교의 용어를 사용하지만 세상의 고등종교 혹은 자연종교의 가르침과 거의 일맥상통한다고 보시면 됩니다. 펠라기우스 전통은 인간을 고귀한 존재로 파악합니다. 하나님의 형상으로 지음받은 존재입니다, 그런데 아담이 범죄를 했습니다. 펠라기우스주의는 아담의 범죄한 사실을 인정하면서도 원죄교리를 부정합니다. 다만 아담은 사람에게 있는 자유선택을 나쁘게 사용한 안 좋은 모범을 제시했다는 측면에서 우리에게 악 영향을 끼친 것이라고 설명합니다. 아담 이래로 인류는 보다 쉽게 범죄할 수 있는 환경 속에서 살게된 것뿐이라고 주장합니다. 한편, 예수 그리스도께서 하신 일 역시 이러한 맥락 속에서 제시됩니다. 예수 그리스도의 십자가 사역은 우리 죄를 실제로 제거하는 것이 아닙니다. 예수님은 아담의 안 좋은 예와 반대되는 좋은 실례, 곧 일종의 모범을 제시하신 것입니다. 하나님의 형상으로 지음 받은 인간이 어떻게 자유 선택을 고귀하게 사용할 수 있는가? 얼마나 하나님을 사랑하고 이웃을 사랑할 수 있는가? 이것을 주님은 십자가에서 잘 보여주셨다는 것입니다. 우리는 그 모범을 따라서 부지런히 의와 진리의 거룩함으로 우리의 의로움을 만들어 가야 합니다. 이러한 펠라기우스의 구원론을 이해하기 위해서는 "네비게이션"을 연상하시면 적지 않은 도움이 됩니다. 펠라기우스는 죄에 빠져 길을 잃은 인간에게 하나님께서 큰 은총을 베푸사 일종의 "네비게이션"을 주셨다고 주장합니다. 펠라기우스에 있어서 은총은 바로 "율법"입니다. 하나님은 우리에게 율법을 주셔서 무엇이 옳고 그른지를 알게 하셨습니다, 이것이 곧 은혜입니다. 하나님께서는 자연인에게는 양심을 유대인들에게는 성문화된 율법을 주셨습니다. 이제 모든 이들은 양심과 율법의 네비게이션이 안내하는 대로 스스로 운전하여 천국에 찾아올 수 있도록 되었다는 것입니다. 이 얼마나 큰 은혜입니까? 언뜻 들으면 그럴 듯한 설명처럼 느껴집니다.

"그것은 은혜가 아닙니다." 아우구스티누스는 펠라기우스의 견해를 단호하게 거절합니다. 만일 율법을 주신 것이 은혜의 전부라면, 결국 아무도 천국에까지 이르지 못할 것이라고 아우구스티누스는 단언합니다. 모든 인류는 네비게이션을 켜 놓은 채 결국은 다 지옥에서 만날 것입니다. 왜 그럴까요? 아우구스티누스에 따르면, 사람은 죄인 줄 모르기 때문에 죄를 짓는 것이 아닙니다. 죄인 줄 알면서도 그것을 지을 수밖에 없는 것입니다. 왜 일까요? 마음이 부패한 죄인은 속마음으로부터 죄를 너무 사랑하게 된 것입니다. 어떤 이들은 옳은 길을 제시하는 네비게이션의 소리를 듣기 싫어서 양심의 소리보다 음악 소리를 크게 틀어놓고 운전을 합니다.

어떤 이들은 아예, 네비게이션을 꺼버리기도 합니다. 성경이 말하는 "화인 맞은 양심"이지요. 만일 우리의 의지를 변화시키고 마음을 고쳐먹도록 만드는 하나님의 은혜가 실제적으로 개입되지 않는 한, 사람은 모두 천국이 아닌 지옥을 향하여 달려갑니다. 하나님의 은혜의 역사라는 것은 우리의 의지를 굴복시키는 은혜입니다. 내 인생의 핸들을 하나님께서 잡으셔야 하는 것입니다. 하나님은 무엇이 옳은 길이라는 사실을 말로만 안내해 주시지 않고, 우리의 내면 가운데 새 마음을 창조하시는 방식으로 일하십니다. 하나님의 은혜로 새롭게 변화된 "새 마음"과 새로운 의지를 가지고 우리는 자발적으로 하나님의 법에 순종합니다. 이것을 가능케 하시는 강력한 주권적 은혜의 역사가 필요합니다. 다시 펠라기우스로 돌아와 보겠습니다. 펠라기우스 모델에서는 칭의의 시점이 언제일까요? 예, 마지막 때입니다. 최후의 날, 하나님은 우리가 나의 자유선택을 따라 얼마나 선한 삶을 살았느냐의 여부를 보시고 최종적인 선언을 하십니다.

2) 로마 가톨릭: 반펠라기우스주의(Semi-Pelagianism)

두 번째, 로마 가톨릭 교회의 모델을 말씀드리겠습니다. 로마 가톨릭은 하나님의 형상과 하나님의 모양을 구분합니다. 하나님의 형상은 인간을 인격체, 곧 "지정의"를 갖춘 이성적 피조물로 지으셨다는 사실과 관련을 맺습니다. 한편 하나님의 모양은 에베소서 4장 24절에 나오는 "의와 진리와 거룩함"의 요소와 연결됩니다. 조금 어려운 말로 이 요소를 자연 상태의 인간에게 덧붙여 주신 선물, 곧 (라틴어로) "도눔 수퍼에디툼"(*donum superadditum*)이라고 말합니다. 일종의 보너스입니다. 이 덕분에 자연인으로 지음 받은 아담은 초자연인이 된 것입니다. 아담과 하와는 로마 가톨릭의 인간론에서 보면 초인(超人), 혹은 초능력자들입니다.

자, 이제 아담이 범죄를 했습니다. 로마 가톨릭 교회 역시 타락과 원죄 교리를 가르칩니다. 그런데 설명하는 내용이 우리와 좀 다릅니다. 로마 가톨릭 교회는 인간이 타락했을 때 하나님의 모양을 상실했으나 하나님의 형상은 보존이 되었다고 말합니다. 특히 인간의 이성적인 부분은 상당히 보존이 되었다고 합니다. 사람은 이성을 잘 활용하여 하나님의 진리에 상당히 근접할 수 있다고 보았습니다. 어떤 의미에서는, 인간은 타락한 이후에도 완전히 비참한 상태에 빠진 것은 아닙니다. 왜냐하면 타락한 후에도 여전히 자연인으로 남았기 때문입니다. 자연인으로서 이 자연세계 속에서 자연스럽게 생활하는 것입니다. 로마 가톨릭 교회의 신자가 전도를 한다고 가정해 봅시다. "여러분 지금 보다 더욱 행복해지길 원하십니까?" 아마도 이렇게 말을 꺼낼 것 같습니다. 교회에 안 나와도 사람은 자연인의 상태로 살고 있다면, 신자의 유익은 무엇이겠습니까? 지금 보다 더 좋아지는 것, 곧 초인이 되는 것 아니겠습니까? 하나님의 모양, 곧 의와 진리의 거룩함으로 빚어져 가는 것이 좋은 것입니다.

이 과정에서 예수 그리스도는 중요한 역할을 하십니다. 단순히 펠라기우스의 은총론 정도가 아니고 주님은 실제적인 은총을 신자 안에 주입하신다고 가르칩니다. 이렇게 주사를 딱 주입해서 맞듯이 하나님의 은총도 신자에게 실제적으로 주입됩니다. 한편 신자 역시 자신의 구원을 이루기 위해 최선을 다해야 한다고 말합니다. 라틴어로 "파케레"(*facere*) 원칙이라 말합니다. 내 안에 있는 것을 갖고 최선을 다해서 하나님의 은총과 더불어 협력해야한다는 원리입니다. 우리식으로 표현하자면 "하늘은 스스로 돕는 자를 돕는다,"에 해당합니다.

결국 신자는 언제 의롭다함을 받을까요? 그렇습니다. 마지막 날, 최후의 날에 주님께서 재림하셔서 각 신자의 삶을 평가하실 것입니다. 그 때, 우리가 얼마나 최선을 다했는가? 우리 삶의 열매를 보시고 의인들을 가려내실 것입니다. 마치 복음서에 기록된 달란트 비유에서 주인과 결산하는 종들의 모습과 유사합니다. 하나님은 그리스도의 은총을 모든 신자에게 나누어 주십니다. 이제 한 달란트 이상씩 받은 신자들은 나름대로 최선을 다해서 각각 두 달란트와 다섯 달란트의 이윤을 남기는 삶을 살아야합니다. 한 신자에 대한 최종적인 평가는 처음 받은 달란트가 아니라 그것을 가지고 이윤을 남긴 열매에 의거하여 이루어진다는 것입니다.

3) 하나님의 형상에 대한 종교개혁의 이해

이제 루터파와 개혁파의 견해를 하나로 묶어서 설명 드리겠습니다. 물론 양자 사이의 작은 차이점도 설명해 드리겠습니다. 먼저 루터는 하나님의 형상과 모양을 구분하지 않습니다. 하나님의 형상이 가진 본질적인 의미를 에베소서 4장 24절의 말씀과 일치시킵니다. 즉 의와 진리와 거룩함이 하나님의 형상이 가진 핵심입니다. 인간은 타락과 더불어 의와 진리와 거룩함을 상실했습니다. 그렇지요? 이것은 인간이 인간됨의 본질을 상실했음을 의미합니다. 인간됨 전체를 상실했으니 타락한 인간은 사실상 인간 이하의 존재가 되었다고 볼 수 있습니다. 그래서 하나님의 시각에서 보았을 때, 타락한 인류는 동물만도 못한 존재가 된 것입니다. 한 걸음 더 나아가서 루터의 추종자들 가운데는 마귀의 말을 듣고 타락한 인류는 사탄의 형상을 입게 되었다고 주장한 인물이 있을 정도입니다. 이처럼 루터는 타락한 인간을 매우 비참한 지경으로 끌어 내립니다. 자, 이제 루터파의 신학을 잘 반영시키는 전도지를 만들어

봅시다. 아까 소개한 로마 가톨릭 교회의 분위기와는 사뭇 달라야 할 것입니다. "이 짐승만도 못한 것들아 회개해라!" 이정도 되지 않을까 생각합니다. 듣는 사람 입장에서는 기분 나쁘겠지요?

반면에 예수 그리스도를 믿는 순간 극적인 반전이 일어납니다. 우리가 믿는 순간 하나님께서는 다른 것을 보지 않으세요. 예수 그리스도의 의가 우리에게 그대로 전가가 되지요. 예수 그리스도의 의를 내가 덧입게 되는 것입니다. 이것은 순간적으로 일어나는 변화입니다. 일종의 이벤트, 곧 사건입니다. 적어도 칭의의 측면에서 볼 때 그렇습니다. 나의 신분이 일순간에 변화되는 것입니다, 영적인 출산과 더불어 새로운 존재가 되는 것입니다. 영적 출산은 생명의 문제입니다. 아기가 태어났는데 아직 생명이 70%밖에 차지 않은 경우는 없습니다. 생명은 있고 없고의 문제입니다. 이러한 영적 출생에 있어서 우리는 온전히 그리스도의 의를 힘입어 새로운 존재로 태어나는 것입니다. 여기에는 우리의 공로가 개입될 여지가 전혀 없습니다. 물론 우리는 "칭의"를 말하고 있습니다. "성화"의 경우는 루터 역시 일평생에 걸쳐 진행되는 "과정"으로 설명합니다. 그러나 칭의에 관한 한, 신자가 처음 믿을 때 전가받은 그리스도의 의가 최후 심판 때까지 끝까지 갑니다. 천국으로 들어가는 프리 패스입니다. 만일 지금 이 자리에서 예수 그리스도를 믿고 의롭다함을 받았으면, 그 믿음으로 신자는 천국에 가는 것입니다.

우리 개혁파의 견해는 그 핵심에 있어 루터파와 동일하다고 생각하시면 됩니다. 다만 개혁파의 인간론은 하나님의 형상을 넓은 의미와 좁은 의미로 나누어서 설명합니다. 이 구분에 대해서는 이미 설명을 드렸습니다. 사람은 타락과 더불어 좁은 의미에서의 하나님의 형상을 상실했습니다. 이 측면에서 볼 때, 인간 이하로 떨어졌다고 말할 수 있습니다. 그러나 칼빈은 루터파가 덜 강조하는 보다 넓은 의미의 하나님 형상에도 주목을 합니다. 타락한 인간은 여전히 "지정의"를 소유했습니다. 이성적 피조물이라는 측면에서 여전히 짐승들과는 구분됩니다. 그러나 로마 가톨릭 교회의 가르침과는 달리 타락한 부패성이 지성적인 부분에도 광범하게 영향을 미쳤다고 강조합니다. 칭의에 관한 설명에 있어서 개혁파의 설명은 루터파와 동일한 입장을 취합니다. 현재적 칭의가 마지막까지 갑니다. 다만 오늘날 개혁파 신학자들 가운데 마지막 때, 칭의의 선언이 있을 것이라는 사실을 부각시키는 학자들이 있습니다. 이는 신자의 현재적 칭의를 새롭게 보충하거나 훼손하는 시도가 아닙니다. 다만 그것을 선언적으로 확인하는 의미를 갖습니다. 하나님께서 신자를 의롭다 칭하시는 근거는 예수 그리스도입니다. 그런데 우리는 현재 예수 그리스도를 육체적 현존을 따라 보지 못합니다. 그러나 재림 때에는 다릅니다. 우리는 예수 그리스도를 육안으로도 볼 것입니다. 신자를 의롭게 하신 칭의의 근거가 우주적으로 계시될 것입니다. 최후의 심판 때, 예수님에 의에 근거해서 우리는 하나님의 의로운 자녀임이 우주적으로 선언될 것입니다. 물론 이 선언에는 우리의 공로가 아무런 원인이 되지 않을 것입니다, 전가된 그리스도의 의에 근거하여 이루어진 현재적 칭의가 마지막 날에 확인될 따름인 것입니다.

개혁파와 루터파의 칭의론과 관련하여 로마 가톨릭 교회가 우리의 약점으로 지적하는 내용이 있습니다. 곧 개신교는 하나님을 거짓말 하는 자로 만든다는 이야기입니다. 그 이유는? 실제로 우리는 죄인인데 죄인을 보고 하나님은 "너는 의인이다"라고 말하신다는 것이지요. 엄밀한 의미에서 이것은 하나님을 거짓말하는 자로 만드는 것이라는 주장입니다. 물론 이것은 오해입니다. 쉽게 설명드리기 위해 중세말 로마 가톨릭 교회의 유명론에서 가르친 칭의론과 개신교의 칭의론을 비교해 보겠습니다. 학자들 가운데는 루터의 칭의론이 유명론의 칭의론으로부터 영향을 받은 것이라고 주장하는 사람들이 있습니다. 유명론의 칭의론은 "하나님의 주권적인 명령에 의한 칭의(justification by divine fiat)"으로 설명될 수 있습니다. 실제로 중세 때 이러한 일이 있었다고 합니다. 전쟁 상황과 같은 국가적 위기나 경제적 위기가 닥쳤을 때, 국왕은 나라에서 시장에서 유통되는 금화를 모두 가져갑니다. 그리고 시장에서는 납화를 금화와 동일한 가치를 갖는 것으로 유통하도록 선언합니다. 왕의 명령에 의해 오백 원짜리 납화가 오만 원 혹은 그 이상의 가치를 갖는 동전으로 변화되는 것입니다. 물론 경제적 위기의 시기가 지나고 나면 적절한 보상을 해주겠다는 약속이 주어지지요. 그 때까지는 국왕의 명령에 따르지 않는 사람은 처벌을 받도록 일방적으로 선언하는 것입니다. 이러한 일들이 중세인들의 경험 속에 자리잡고 있었습니다. 중세 말, 로마 가톨릭의 신학자들 가운데 유명론자라고 불리는 사람들이 종종 성경에서 가르치는 칭의론을 이것에 빗대어 설명했습니다. 마치 왕이 절대적 권력을 가지고 납화를 금화라고 선언하는 것처럼 하나님께서는 그의 주권적 명령으로 죄인을 가리켜 의인이라고 선언한다는 것입니다. 언뜻 보기에는 루터의 칭의론이 중세 유명론자들의 설명과 유사해 보이는 면이 있습니다. 그렇지요? 실제로 오늘날까지 로마 가톨릭 교회의 신학자들은 유명론의 칭의론과 루터의 칭의론을 동일한 것으로 오해하기도 합니다.

만일 루터가 이러한 말을 들으면 크게 노할 것입니다. 유명론의 설명에는 그리스도가 빠져 있기 때문입니다. 하나님은 그의 전능한 능력으로 그리스도의 구속 사역 없이도 얼마든지 죄인을 의인으로 바꾸어버릴 수 있는 분입니다. 그러나 이것은 성경이 말하는 칭의론과는 근본적으로 다른 내용입니다. 조금 단순화시켜서 루터가 성경에서 발견한 칭의론을 설명드리겠습니다. 심층적인 차원에서 말씀드리자면, 하나님의 "너는 의롭다"라는 칭의 선언은 엄밀한 의미에서 "예수 그리스도"를 향한 선언입니다. 이 때문에 하나님의 선언이 거짓이 아니라 참된 선언인 것입니다. 그렇다면 그리스도의 의로움이 어떻게 나의 의로움이 되었을까요? 하나님은 복음 안에서 그리스도를 믿는 신자를 그리스도와 연합시키신 겁니다. 그 결과 그리스도와 연합된 신자는 그리스도와 더불어 십자가에서 같이 죽고 그리스도와 함께 부활한 것입니다. 이것이 바로 세례의 의미입니다. 그리스도와 연합된 신자에게 하나님은 그리스도의 의를 전가(imputation) 해 주십니다. 바로 이 지점에서 유명론의 칭의론과 차별화됩니다. 유명론의 모델에서는 오로지 왕의 일방적인 주권적 명령에 기초하여 칭의가 이루어지는데 여기에서의 의롭다는 선언은 실제적인 근거를 결여하고 있습니다. 예수 그리스도가 필요 없습니다. 예수 그리스도 없어도 하나님께서 절대적인 명령으로 너를 의롭다 할 수 있기 때문이죠. 예수 그리스도 없이도 설명 가능한 칭의론이라면 그것은 성경적 칭의론이 아닙니다 이렇게 되면 정말 하나님을 거짓말 하는 하나님으로 만드는 것입니다. 반면에 성경이 가르치는 칭의론의 핵심에는 예수 그리스도의 의, 예수 그리스도와의 연합. 그리고 이 연합 안에서 예수 그리스도의 의가 우리에게 전가되는 것 등이 자리 잡고 있습니다. 이 때문에 예수 그리스도를 믿는 믿음을 통해 그와 연합된 신자를 향한 하나님의 칭의 선언은 참된 선언이 되는 것입니다.

4) 감리교 전통: 요한 웨슬리

마지막으로 살펴 볼 전통은 감리교입니다. 요한 웨슬리의 부흥운동으로 말미암아 감리교 운동이 시작되었습니다. 다소 단순화시켜 말씀드리자면 웨슬리의 감리교 운동은 길거리 전도를 통해 형성된 신학이라고 말할 수 있습니다. 하나님 형상과 칭의에 관한 감리교의 설명이 제일 복잡합니다. 이해를 돕기 위해 역사적 배경을 잠깐 설명드리겠습니다.

1739년 4월 2일, 이 날은 교회사에서 매우 의미 있는 일이 일어났습니다. 영국의 브리스톨 지역에서 이전에는 경험할 수 없었던 독특한 일이 있었다습니다. 마크 놀이라는 학자는 이것을 새로운 복음주의 시대를 향한 터닝 포인트, 곧 전환점으로 설명했습니다. "옥외 설교(Open-air preaching)!" 이 날은 감리교의 창설자 웨슬리가 최초의 옥외 설교를 시도한 날입니다. 예배당 안에서 설교 한 것이 아니고 예배당 바깥에서 길거리에서 설교한 것입니다. 여러분께 이 날의 일을 기록한 웨슬리의 일기를 소개해 드립니다. 무척 흥미롭습니다. 먼저 3월 31일의 일기입니다. 거기에 보면 웨슬리가 조지 휫필드를 만났다고 기록되어 있습니다. 휫필드는 신학적으로는 개혁파의 전통을 가진 사람입니다. 휫필드는 "옥외 설교"의 아이디어를 웨슬리에게 소개를 합니다. 꼭 설교를 예배당 안에서만 해야 하는가? 밖에 나가서 설교할 수도 있다고 말했답니다. 웨슬리는 큰 충격을 받았다고 기록합니다. 밖에 나가서 설교를 함으로써 사람들을 회심시키는 것은 일종의 큰 죄를 짓는 것이라고 생각했다고 웨슬리는 기록합니다. 설교는 예배당에서만 이루어져야 한다는 믿었기 때문이죠.

다음은 4월 2일 월요일의 일기입니다. 웨슬리는 마침내 결심을 합니다. 용기를 내기로 했답니다. 그는 "내가 좀 악해지기로 했다"고 말합니다. 까짓것 복음 전도를 위해 죄를 한번 지어보자는 생각을 하며 결심을 했다는 것입니다. 마침내 웨슬리의 첫 옥외 설교가 이루어진 것입니다. 놀라운 것은 웨슬리의 첫 옥외설교를 듣기 위해 모인 대중의 숫자가 삼 천 명이나 되었다고 기록되어 있습니다. 이날 수많은 사람들이 길거리에서 복음 설교를 듣고 주님께 돌아오게 됩니다. 이 날 이후로 웨슬리의 인생은 완전히 뒤바뀌게 됩니다. 나머지 인생을 길거리에서 복음을 전하는 복음 전도자로 헌신한 것입니다.

옥외 설교는 일종의 패러다임의 전환이었습니다. 예배를 꼭 예배당 안에서만 드려야된다는 생각을 바꾼 것입니다. 당시 브레스

톨은 공장지대였습니다. 영국의 전통적인 교구 시스템으로부터 벗어나 있던 지역이었습니다. 당시 영국인들은 국가교회 안에서 출생한 사람들이었습니다. 태어나면서부터 모두 시골의 교구에 소속되어 있었습니다. 그러나 영국이 산업혁명을 경험하면서 농촌의 인구가 수 백 수천 명씩 도시의 공장지대로 모였습니다. 아직 전통적인 교구 시스템에서는 그곳에 모인 사람들을 목회적으로 돌보지 못하고 거의 방치하고 있었습니다. 이러한 산업 노동자들을 위한 예배당이 건립되고 목회적 돌봄이 체계화되기까지 마냥 기다릴 수가 없었습니다. 그래서 웨슬리는 복음을 들고 길거리에 나가 설교하고 옥외에서 예배를 드린 겁니다. 이것이 바로 감리교 운동의 출발입니다. 이 때문에 서두에서 제가 감리교 운동은 처음부터 거리에서 출발했다고 말씀드렸습니다. 같은 맥락에서 감리교 신학은 뜨거운 복음 전도의 열정가운데서 나온 신학이라고 볼 수 있습니다. 우리의 조직신학적으로 볼 때 더러 미숙한 표현들이 있는 것이 사실이지만 적어도 복음과 구령의 열정만큼은 큰 점수를 주어야 합니다.

　이러한 사실을 염두에 두고 하나님의 형상에 대한 감리교의 이해를 살펴 보겠습니다. 상당히 흥미로운 대신에 조금은 복잡합니다. 시작하면서 밝혀둘 것이 있습니다. 요한 웨슬리와 찰스 웨슬리 형제는 모두 각각 루터의 로마서와 갈라디아서 서론을 읽고 큰 은혜를 체험했습니다. 복음적 회심의 직접적인 계기가 되었습니다. 웨슬리는 루터의 종교개혁 신앙을 계승했다고 볼 수 있습니다. 많이 다르지 않습니다. 하나님의 형상에 대한 이해도 마찬가지입니다. 인간 이해에 있어서 루터의 영향을 받았습니다. 하나님을 떠난 인류는 비참한 죄인이라는 인식을 분명히 공유합니다. 그런데 웨슬리의 당면과제는 길거리에 나가서 복음, 곧 "복된 소식"을 전하는 것이었습니다. 아마도 "이 짐승만도 못한 죄인들아!"라고 외치는 것보다는 처음부터 죄인들을 복음으로 부르시는 따뜻한 초청의 메시지로 접근하는 것이 필요하다고 생각한 것 같습니다. 이런 맥락에서 웨슬리는 인간의 비참함을 알지만 인간의 비참함 이전에 하나님의 선행하는 은총을 강조합니다. 선행은총의 의미는 말 그대로 "앞 선 은혜"라는 뜻입니다. 이 은혜로 인해 하나님은 모든 죄인들에게 복음의 초청장을 발송하셨습니다. 따라서 우리는 하나님의 초청을 받은 죄인이 되었습니다. 이 때문에 길거리 전도의 현장에서 "하나님께서 당신을 천국잔치에 초대하셨습니다!"라는 문구가 새겨진 전도지를 들고 갈 수 있는 것입니다. 전도 받는 입장에서는 기분이 좋지요. 초청장를 받는 것은 마음 상하는 일이 아니니까요. 하나님 형상이 타락과 더불어 상실되어 비참한 처지로 추락했음을 분명히 말하지만, 그와 동시에 하나님의 선행은총을 강조했기 때문에, 분위기상으로는 자연인의 상태를 말하는 입장과도 유사한 면이 있는 것입니다. 그런데 끝까지 이야기를 들어 보아야 합니다. 길 가던 사람이 초청장 형식으로 만들어진 전도지를 받고 천국잔치에 참여하기 위해 정해진 날에 예배당을 방문한다고 생각해 봅시다. 갔더니 입구에서부터 분위기가 좋습니다. 아름다운 한복을 입고 예쁘게 생긴 교인들이 웃으면서 맞아줍니다. 예배당 안에 들어가니, 이미 테이블이 마련되어 있습니다. 안내하는 분이 친절하게 자리로 안내해 줍니다. 이제 테이블에 딱 앉으려고 하는데 기분이 확 상합니다. 내 자리에 명패가 놓여 있는데 큰 글씨로 "죄인 안상혁" 씌여 있는 것이 아니겠습니까? 기분이 나빠 벌떡 일어나 나가려고 했더니, 문을 딱 걸어잠그면서 복음을 들어야 집에 보내주겠다고 합니다. 지금 제가 무슨 말을 하고 있는지 눈치 채셨습니까? 웨슬리 역시 직접 복음을 전하는 단계에서는 타협하지 않았습니다. 십자가의 복음을 전하기 위해, 반드시 "이 짐승만도 못한 죄인아!"라는 메시지를 분명하게 선포했다는 것입니다. 웨슬리 역시 하나님을 떠난 인간이 하나님의 형상을 상실하고 얼마나 비참해졌는지, 그리고 유일한 소망은 예수 그리스도이심을 분명하게 선포합니다. 예수 그리스도만이 유일한 살 길임을 제시합니다. 한 걸음 더 나아가, 종교개혁의 전통을 따라 예수 그리스도를 믿는 순간 하나님의 의가 우리에게 전가된다는 진리도 말을 합니다. 즉 예수 그리스도를 믿는 회심과 더불어 이벤트의 성격을 갖는 칭의가 있음을 인정합니다. 그래서 회심의 중요성을 크게 강조합니다. 예수 그리스도의 공로로 말미암아 우리가 구원을 얻는 사실을 인정하는 것입니다.

다만, 칭의와 성화론에서 다소 설명이 복잡해지는 것이 사실입니다. 웨슬리와 감리교 전통은 소위 "완전 성화론" 때문에 종종 비판을 받습니다. 신자가 이 땅에서 율법을 온전하게 지키는 것이 가능하다는 주장입니다. 때로는 비판이 지나치게 과장된 사실에 근거할 때도 있습니다. 웨슬리는 신자의 자연적 능력보다는 성령의 도우심을 강조했습니다. 또한 신자가 소위 "완전한 성화의" 상태에 도달하여 온전한 사랑으로 율법—곧 하나님과 이웃 사랑의 계명을 지키는 것—을 지키는 것이라고 말하지 않았습니다. 다만 신자는 이 땅에서도 성령님의 은혜로 때때로 온전함의 맛을 볼 수 있음을 부각시켰던 것입니다. 완전성화론보다 좀 더 문제가 된 것은 성화의 열매가 마지막 칭의의 실제적 근거로 기여한다는 가르침이었습니다. 연구자마다 의견이 조금씩 다르지만, 감리교 전통에서는 두 차례의 칭의를 가르치는 것으로 보입니다. 신자는 처음 회심 때 일차적이고 현재적인 칭의를 받습니다. 그리고 마지막 날에 다시 한 번 최종적인 칭의가 있습니다. 최종적 칭의 때 하나님은 신자가 행한 성화의 열매를 그의 칭의를 위한 근거로 간주하신다고 가르칩니다. 결국 이러한 견해는 반 펠라기우스주의적 칭의론으로 귀결되는 것이 아니냐는 비판의 근거가 됩니다. 이에 대해 복음적인 웨슬리안들은 두 번째 칭의 역시 첫 번째 칭의와 마찬가지로 하나님의 은혜로 되는 것이니 펠라기우스주의와는 무관하다고 대답합니다. 왜냐하면 성화의 과정 역시 사람의 순종과 더불어 하나님의 은혜가 작용하기 때문이라는 것입니다.

관점에 따라서는 칭의와 성화에 대한 웨슬리의 가르침이 일관성을 상실하는 것으로 보이는 것이 사실입니다. 종교개혁의 전통에 충실한 면도 있고, 그렇지 않은 면도 있기 때문입니다. 그런데 웨슬리의 신학이 복음 전도의 현장에서 형성된 신학이라는 사실을 상기하면 상기한 약점을 어느 정도 이해할 수 있습니다. 복음 전도의 현장에서 알콜중독자 몇 사람이 예수님을 믿겠다고 결신하고 교인이 되었다고 생각해 봅시다. 이미 회중 가운데는 습성화된 죄를 끊고 회심한 신자들이 구성 비율이 기존의 교구 교회보다 훨씬 많습니다. 목사의 입장에서는 이러한 새 신자들에게 예수 믿고 천국가게 되었으니 이제 모든 것이 완성되었다는 식으로 설교할 수가 없습니다. 이제 신자가 되었으니 이전과는 다른 새로운 삶을 살아야 된다는 설교하며 성화의 삶을 강조해야 합니다. 특히 습관적인 죄에 매여 있던 죄인들을 향해서는 하나님의 은혜로 이제 온전한 삶을 살 수 있다고 독려할 필요를 느꼈을 것입니다. 웨슬리 전통의 교회가 특히 성화의 열매를 강조한 데에는 이러한 목회적

정황이 있었던 것입니다.

오늘날 성경과 종교개혁의 전통을 계승한 우리가 감리교의 칭의론 안에서 신인협력주의 요소를 발견하고 그것을 건전하게 비판하는 것도 필요하다고 생각합니다. 우리 모두가 오직 은혜로 받은 동일한 구원을 그들 역시 더욱 성경적이고 좀더 신학적으로 올바르게 설명할 수 있도록 돕도록 하기 위함입니다. 선의를 가지고 대화할 때 우리는 복음적인 웨슬리안들의 요청사항에도 귀를 기울여야 합니다. 그 분들은 자신들의 견해에 "복음적"이라는 단어를 붙여주기를 원합니다. 꼭 우리의 입장을 "신인협력주의"로 규정하는 것이 필요하다면 그것을 "복음적 신인협력주의"라고 불러달라는 입장입니다. 복음에 대한 강조와 인간의 행위에 항상 앞서 행하시는 하나님의 은혜를 부각시키고자 하는 마음을 알아달라는 요청이라고 볼 수 있습니다.

5. 하나님 형상과 성화

지금까지 하나님의 형상과 칭의에 대한 각 교파별 이해를 살펴보았습니다. 이제 성화에 관해 말씀드리겠습니다. 이것은 로마서 8장 29절 말씀 한 구절을 읽는 것으로 간단히 요약될 수 있습니다. "하나님이 미리 아신 자들을 또한 그 아들의 형상을 본받게 하기 위하여 미리 정하셨으니 이는 그로 많은 형제 중에서 맏아들이 되게 하려 하심이라." 성화에서도 하나님 형상이 핵심적으로 등장합니다. 성화란 우리가 하나님의 형상을 회복하고 그것을 닮아가는 것이다. 이에 대해서는 거의 모든 교파들이 동의하고 있습니다.

1) 하나님의 형상과 그리스도

로마서 8장 29절은 하나님의 형상을 곧 "아들의 형상"이라고 선언하고 있습니다. 우리는 하나님 형상과 그리스도의 관련성을 주목해 보아야 합니다. 하나님의 형상이 무엇일까요? 고린도후서 4장 4절은 이렇게 대답합니다. "그리스도는 하나님의 형상이니라." 또한 골로새서 1장 15절은 "그는 보이지 아니하는 하나님의 형상"이라고 말합니다. 히브리서 1장 5절 역시 동일한 내용을 선언합니다. "이는 하나님의 영광의 광채시오 그 본체의 형상이시라." 하나님은 사람을 하나님의 형상으로 지으셨습니다. 거듭난 신자가 경험하는 성화의 과정은 하나님의 형상을 닮는 과정입니다. 그런데 이처럼 중요한 하나님 형상이 곧 그리스도라는 것입니다.

하나님이 태초에 사람을 창조하실 때 하나님의 형상으로 사람을 만드신 사실 이외에도 다른 동물들과 차별화시킨 요소가 있습니다. 자, 한번 생각해 봅시다. 하나님께서 바다에 물고기를 창조하실 때, 고등어를 몇 마리 만드셨을까요? 한 번에 수 많은 수의 고등어 떼를 만들지 않으셨을까요? 사람의 경우는 어떨까요? 이미 서두에 말씀드린 대로 사람은 사회적 존재입니다. 그럼에도 하나님은 사람의 한 집단을 창조하신 것이 아니라 단 한명의 개별자를 지으셨습니다. 두 번째 사람을 창조하실 때는 첫 번째로 지음 받은 사람의 갈비뼈를 취해서 지으셨습니다. 이것의 의미는 무엇일까요? 그 어떤 개인도 독립적인 객체로 존재하지 않고 다른 사람과 생명의 관계로 연결되어 있다는 의미입니다. 생명의 관계로 연결된 아담과 하와로부터 시작된 인간관계에 그물망 속에서 이후의 모든 사람은 태어나게 되었습니다. 그 어느 한 사람도 이 관계의 그물망으로부터 벗어나서 독립적으로 지음 받은 사람이 없습니다. 이것이 바로 인간 창조의 독특한 면입니다. 천사를 포함한 다른 피조물들과 차별화 되는 것입니다.

최초의 인간은 무엇으로 만드셨다고 하셨습니까? 하나님의 형상을 따라 만드셨습니다. 그런데 하나님의 형상은 곧 그리스도입니다. 그렇다면 아담은 곧 그리스도의 형상을 따라서 지음 받았다고 말할 수가 있지요. 여기서 잠시 새 하늘과 새 땅의 시민들의 모습을 생각해 보고자 합니다. 천국의 시민은 누구나 예외 없이 이 땅에서 그리스도에게 속한 언약백성, 혹은 신자들로 구성될 것입니다. 신자는 두 번째 아담으로 오신 예수 그리스도와 연합된 자들 입니다. 그리스도와 연합되어 옛 자아는 죽고 그들 안에 오직 그리스도께서 사신 자들입니다. 즉 그리스도와의 연합을 통해 그리스도의 형상이 각인된 사람들 입니다. 이런 면에서 볼 때, 모든 천국의 주민들은 그리스도의 형상으로 새롭게 지음 받았다고 말할 수 있습니다. 새 하늘과 새 땅의 주민도 그리스도의 형상을 따라서 지음 받은 자들이요, 첫 번째 세상도 그리스도의 형상을 따라서 지음 받은 셈이 되는 것입니다. 이런 식의 생각은 초대 교회 교부들 가운데 이레니우스나 클레멘트, 터툴리안, 오리겐 등의 가르침 속에서 공통적으로 발견됩니다. 흥미롭지요? 요컨대, 우리는 성경과 교회사 전통에서 모두 하나님의 형상을 그리스도와의 관련성 안에서 가르쳐왔음을 확인했습니다.

2) 하나님 형상과 그리스도의 영광

계속해서 살펴볼 주제는 하나님 형상과 "그리스도의 영광"입니다. 하나님의 형상과 그리스도의 영광이 아주 긴밀하게 연결이 되어 있습니다. "청교도의 황태자"로 알려진 존 오웬의 『그리스도의 영광』(1684)이란 책이 있습니다. 상당히 두꺼운 책 전체가 요한복음 17장 24절 한 구절에 대한 주해입니다. "아버지여 내게 주신 자도 나 있는 곳에 나와 함께 있어 아버지께서 창세 전부터 나를 사랑하심으로 내게 주신 나에 영광을 그들로 보게 하시기를 원합니다." 예수님의 기도입니다. 예수님은 우리가 그리스도의 영광을 보는 것을 위해 기도하셨습니다. 얼마나 중요하면 이렇게 기도를 하셨겠습니까? 왜 우리가 그리스도의 영광을 보는 것이 중요할까요? 그 이유는 우리가 하나님의 형상을 닮아간다는 사실과 밀접히 관련이 있습니다. 고린도후서 3장 18절을 함께 보겠습니다.

"우리가 다 수건을 벗은 얼굴로 보는 것 같이, **주의 영광을 보매 그와 같은 형상으로 변화하여** 영광에서 영광에 이르니 곧 주의 영으로 말미암음이니라"(고후 3:18).

우리가 그리스도의 형상으로 어떻게 변화될 수 있을까요? 그리스도의 영광을 볼 때 우리가 변화된다고 말씀합니다. 여기서 그리스도의 영광을 "볼 때"의 보는 것은 범상한 것이 아닙니다. 마치 사랑하는 연인이 한 번 쳐다보는 것이 단순히 지성적으로 바라보는 것에 그치지 않는 것과 같습니다. 우리 학교의 전도사님 한 분이 자기가 어떻게 결혼했는지 이야기해 주었는데 참 인상적이었습니다. 지금의 아내와 딱 한 시간의 만남 이후에 마음을 온전히 빼앗겼다고 합니다. 한 시간의 만남 후에 군대를 갔는데 군대에서 보낸 삼년동안 그 자매를 마음에 두었다고 합니다. 제대한 후에 고백을 하고 마침내 결혼을 했다고 합니다. 비록 짧은 순간의 만남이지만 첫 만남에서 예비 신부를 바라본 것은 단순한 시선이 아니었습니다. 본문에서 우리가 "주의 영광을 보매"에서 말하는 바라봄 역시 단순한 것이 아닙니다. 그리스도의 영광을 사모하는 마음으로, 온 마음을 다하여 사랑으로 흠모하며 바라보는 것을 의미합니다. 이렇게 주님을 바라 볼 때, 우리가 그리스도의 형상으로 점점 변해가는 것입니다. 이처럼 그리스도의 영광을 보는 것이 어떻게 이러한 변화, 곧 내 안에 하나님의 형상을 회복시켜나는 변화를 일으키는 것일까요?

(1)성육신에 나타난 그리스도의 영광

그리스도의 영광을 바라보는 것은 마치 우리가 거울을 통해 인간이 누구인지를 바라보는 것과 유사합니다. 다시 말해 "인간의 영광," 하나님께서 우리에게 덧입혀주신 영광을 "그리스도의 영광"이라는 이름의 거울에 비친 모습을 통해 우리가 볼 수 있다는 의미입니다. 먼저 성육신에 나타난 그리스도의 영광을 묵상해봅시다. 성육신을 통해 우리는 인간이 얼마나 영광스러운 존재인지를 알게 됩니다. 영원하시고 무한하신 하나님과 유한한 피조물인 우리가 어떻게 연합할 수가 있을까요? 성육신은 이러한 연합의 신비를 우리에게 계시합니다. 너무도 신비한 이야기입니다. 이해를 돕기 위해 여러분께 그림을 보여드리겠습니다.

지금 두 개의 원이 있습니다.[그림#1] 왼쪽의 커다란 원이 창조주이고 오른쪽은 조금만 원이 피조물이라고 비유해봅시다. 아주 작은 원은 큰 원으로부터 나왔습니다. 조그만 원 전체가 창조주로부터 받지 아니한 것이 없습니다. 자 이제 이 두 개의 원 사이의 만남을 주선해 보겠습니다. 과연 두 존재 사이에 의미 있는 만남이 가능할까요? 하나님은 경계가 없으신 분이지요. 무한하신 분입니다. 반면에 모든 피조물은 유한자입니다.

지금 여러분은 무한과 유한이 서로 만나는 접점을 보고 계십니다[그림#2] 그 다음 장면은 무엇일까요? 작은 원이 큰 원 안으로 온전히 흡수되어 사라지는 장면을 상상할 수 있습니다. 피조물인 유한자가 무한하신 하나님과 만날 때, 이는 곧 유한자의 소멸을 의미합니다. 마치 서해 바닷물 한 방울을 스포이드로 갖고 가서 동해 바다에 딱 떨어뜨린다고 생각해보십시오.

한 방울의 물과 바다가 만났습니다. 과연 그 만남은 의미가 있을까요? 수학에서도 무한이라는 개념이 도입되면, 문제를 파악하기 위해 완전히 다른 차원의 접근이 시도됩니다. 철학자들 역시 무한과 유한 사이의 의미 있는 만남이 불가능하다고 말합니다. 조금 어렵지만 잘 알려진 표현이 있습니다. "유한은 무한을 수용할 수 없다(*finitum non capax infiniti*)"는 뜻입니다.

우리와 하나님 사이의 관계는 어떨까요? 과연 유한자인 사람이 무한하신 창조주 하나님과 의미 있는 연합을 이루는 것이 가능할까요? 예, 가능합니다. 성육신이 그것을 보여줍니다. 우리의 이성과 세상의 철학이 불가능하다고 말하는 것을 가능하다고 선언하는 것이 바로 성육신입니다. 성육신 안에서 영원하신 하나님께서 사람이 되셨습니다. 육을 취하셨습니다.

그런데 예수 그리스도 안에서 인성은 신성에게 흡수되어 소멸되지 않았습니다. 그리스도의 인성은 인성으로 그대로 보존이 되었습니다. 그래서 예수 그리스도는 "참 사람"이셨습니다. 동시에 예수 그리스도는 "참 하나님"이십니다. 이것이 바로 우리의 신앙고백입니다. 성육하신 성자 하나님은 참 하나님이시면서 참 사람입니다. 참 사람과 참 하나님이 공존하며 의미 있는 만남을 이루신 것입니다.

또한 그 만남은 곧 사랑의 만남입니다. 이러한 그리스도를 바라볼 때, 곧 성육신에 나타난 그리스도의 영광을 보면서 우리는 인간이 얼마나 영광스러운 존재인가를 발견합니다. 우리가 하나님과 연합을 이루고 하나를 이룬다는 것이 내 존재의 소멸을 의미하는 것이 아님을 발견합니다. 나는 나대로 남으면서 하나님과의 인격적인 연합이 가능하다는 사실을 발견합니다. 요컨대 그리스도를 우리가 묵상할 때 하나님께서 인간에게 덧입히신 사람의 존귀함과 영광스러움을 볼 수 있다는 것입니다.

(2) 십자가와 부활에 나타난 그리스도의 영광

이제 십자가와 부활에 나타난 그리스도의 영광을 묵상해 봅시다. 우리를 구원하신 그리스도의 십자가 부활이 우리의 인간됨에 어떠한 의미를 주는가를 생각해 봅시다. 그 의미는 정말 영광스럽습니다. 너무도 큰 위로가 됩니다. 우리 모두에게 죽음이라 것은 사실 두려운 것입니다. 죽음으로 나아가는 길은 정말 두려운 길입니다. 그러나 주님의 십자가와 부활을 인해 이 길은 더 이상 두려운 길이 되지 않았습니다. 참 사람이신 예수 그리스도께서 우리 앞서 먼저 죽음으로 나아가셨습니다. 우리는 주님의 발자취를 따라가면 됩니다. 그러면 주님을 따라 죽음을 통과하여 부활 생명으로 나아갈 수 있습니다. 존 오웬은 다음과 같이 말했습니다.

> 이 세상의 삶이란 무엇인가? 시험과 환난, 격변과 슬픔, 위험과 두려움, 질병을 만나 본 사람이라면 누구든지 그러한 모든 고통들이 일생의 대부분을 차지하고 있음을 알 것이다….
> 그리스도의 영광을 묵상함으로써 얻게 되는 그 특별한 유익은, 바로 우리를 삶에서든지 죽음 앞에서든 기쁨과 안위에 차도록 이끌어 준다는 것이다. 그 영광을 묵상함으로써 우리는 살아 있을 때는 죽음을 맞이할 때 우리가 만나게 되고 갈등할 수밖에 없는 모든 것들을— 영혼과 육체의 분리, 죽음의 시기와 방법, 영혼을 하나님께 의탁하는 믿음의 행위 등— 능히 기쁨과 승리감 속에서 극복하게 될 것이다.

위의 글의 전반부는 안수정등도의 내용과 비슷합니다. 또한 칼빈의 말과도 유사합니다. 오웬 목사님 역시 동일한 말씀을 했습니다. 대다수의 우리 역시 우리의 인생의 일부가 아닌 대부분이 "고통"이라는 사실에 동의할 것입니다.

얼마 전, 학업에 시달려 지쳐있는 아들에게 이 부분을 읽어주었던 기억이 납니다. 수능을 앞두고 있는 아이들도 시험과 환난, 격변과 슬픔, 위험과 두려움, 질병 등을 만납니다. 아들에게 이렇게 말해 주었습니다.

"이 책을 쓴 존 오웬은 옥스퍼드 대학의 총장님이었어. 당시에 굉장히 성공한 사람으로 보였지만, 사실은 고통을 많이 경험한 목사님이란다. 자녀가 열한 명 있었는데 열 명이 죽었어. 나머지 한 명도 자기보다 먼저 죽었지. 고통을 아는 사람이었지. 그런데 이 목사님은 인생의 고통만을 안 것이 아니라 복음의 능력을 알았단다. 그래서 '그리스도의 영광' 속에서 인생의 영광을 발견하고 기쁨과 승리를 노래할 수 있었던 거야."

정말 그렇습니다. 인생이 고통스럽다는 사실만 발견한다면 안수정등도보다 나은 것이 무엇이 있겠습니까? 우리에게는 "그리스도의 영광"이 있는 것입니다. 따라서 안수정등도가 아니라 "그리스도의 영광"을 바라보고 묵상할 해야 하는 것입니다. 그 날 아들과 함께 이 책을 한 시간이나 함께 읽었습니다. 여러분의 모든 자녀들에게도 동일한 이야기를 해 드리고 싶습니다. 요점은 "그리스도의 영광을 바라보라,"입니다.

모든 신자들은 삶의 어려운 정황 속 있는 자녀들에게 "그리스도의 영광을 바라보라!" 가르쳐주어야 합니다. 그리스도의 영광을 묵상함으로서 얻게 되는 큰 유익은 바로 이것입니다. 곧 우리를 삶에서든지 죽음 앞에서든지 기쁨과 안위에 차도록 이끌어 준다는 것입니다. 그 영광을 묵상함으로서 우리는 살아있을 때는 죽음을 맞이할 때, 능히 죽음을 감당할 수 있게 됩니다. 죽음까지도 참 소망과 기쁨으로 맞이할 수 있다는 것입니다. 저 또한 이 사실을 얼마 전에 체험했습니다.

얼마 전 아버지가 돌아가시기 2주 반 동안 간병인의 도움을 받았습니다. 알고 보니 이 분이 독실한 불교 신자였습니다. 이 분이 처음 오신 날 아버지 팔에 불교 신자들이 차고 다니는 염주 같은 것을 달아 채워 놓으셨답니다. 매일 헤어질 때도 늘 우리에게 합장을 하며 공손하게 인사하셨답니다. 이제 이 분이 저희 식구와 보름의 시간을 보냈습니다. 그동안 크고 작은 사건들이 있었습니다. 결론부터 말씀드리면 이 분이 예수님을 믿게 되었습니다.

아버지 장례를 마친 후에, 그 분이 저희에게 보내온 메시지입니다.

안녕하세요 요양 보호사입니다. 잘 지내시죠? 안목사님 가족 덕분에 하나님을 믿게 되었습니다. 너무너무 감사합니다. 사모님이 주신 그 성경책을 매일매일 읽고 있습니다. 열심히 하나님 말씀 잘 듣고 먼 미래에 꼭 천국에서 뵐께요. 고맙습니다. 가족님들. 부디부디 건강하세요. 그리고 행복하세요. 사랑합니다.

이 분이 하나님을 믿게 된 변화는 어떻게 일어났을까요? 이유는 단순합니다. 죽음을 맞이하는 신자의 모습 안에서 "그리스도의 영광"을 보았기 때문입니다. 마치 해경스님이 복음서 안에서 "부활생명"을 발견하고 회심하여 목사가 된 것과 유사한 변화가 일어난 것이지요. 조금 단순화시켜 말하면, 세상은 신자의 모습을 보기만 해도 신자로 변화되는 첫 걸음을 내딛을 수 있는 있는 것입니다.

여러분, 우리가 그리스도의 영광, 십자가와 부활 안에 계시된 영광을 묵상할 때 죽음 앞에서도 웃을 수 있습니다. 죽음은 물론 고통스럽지요. 그러나 하나님은 신자들에게 죽음의 고통을 능가하는 평안을 주십니다. 그래서 마지막 순간에도 이 평안함을 유지할 수 있는 것입니다. 세상 사람들이 그것을 보는 것입니다. 그 모습이 안수정등도의 이미지보다 더욱 강하게 그들의 영혼 속에 각

인되는 것입니다. 전혀 예상치 못한 이미지인 것입니다. 자신들의 눈으로 확인한 후에는 그 영광의 빛에 참여하고픈 강한 소원을 갖게 됩니다. 나도 그 모습을 닮고 싶다는 생각에 그리스도의 영광의 빛으로 끌려 나오는 것입니다. 이 세상에서 소망이 없는 사람이 부활 생명의 소망을 가지고 그리스도의 영광을 보면서 사는 신자들과 더불어 하루하루 살아가면서 변화를 체험합니다.

이것이 바로 성화입니다. 따라서 개인의 성화는 교회 공동체와 분리될 수 없는 것입니다. 우리의 자녀들도 이 변화를 경험해야만 합니다. 그래서 부모들과 더불어 믿음의 공동체에서 함께 생활하며 자라는 특권을 누려야만 하는 것입니다. 물론 부모들은 예수님의 모범을 따라 기도해야합니다. "나의 자녀들 역시 그리스도의 영광을 보게 하시기를 원합니다." 이렇게 기도해야 합니다.

(3) 승천에 나타난 그리스도의 영광

마지막으로 승천에 나타난 그리스도의 영광을 묵상해 보겠습니다. "눈에 보이는 하늘 보다 훨씬 위에 있는, 그리고 빛이 충만한 그 복된 곳에 우리가 거할 수 있다는 보증이 그리스도 안에 있다."

예수님께서 승천하셨습니다. 그런데 그 승천은 예수님 자신의 영광만을 드러내는 것이 아닙니다. 예수님의 승천은 곧 우리를 위한 메시지를 전달해 줍니다. 영광스러운 메시지입니다. 이 메시지를 확인하기 전에 잠시 여러분을 드넓은 우주 공간으로 안내해 드리겠습니다.

지금 여러분은 우주 공간의 모습을 보고 계십니다. 우주를 보여 주는 사진을 볼 때마다 하나님께서 창조하신 세계가 참으로 영광스럽다는 생각을 합니다. 그런데 누군가 나에게 지금 당장 맨 몸으로 이렇게 멋있는 우주 공간으로 나갈 것을 권유한다면 무엇이라고 대답하겠습니까? 정신 나간 소리하지 말라고 대답하지 않겠습니까? 우리는 다 알고 있습니다. 우주공간에는 산소가 없습니다. 지구의 중력이 미치지 못합니다. 지구에서 살고 있는 우리는 지금의 육신을 가진 채로 우주 공간에서 살지 못합니다. 대기권을 채 벗어나기도 전에 얼어 죽을 것입니다. 내 육체적 현존은 우주에서 소멸되고 말 것입니다. 과연 이처럼 연약한 피조물의 한계를 가진 우리가 천국에서 육체적 현존을 따라 생존하는 것은 가능할까요? 우리의 이러한 생각을 일찍이 1683년에 돌아가신 오웬 목사님이 이미 알고 계셨던 것 같습니다. 오웬의 말입니다.

우리는 이 땅에서 하루살이의 공격에도 부서져 버릴 만한 흙집에 살고 있다. 또한 우리가 밟고 있는 이 땅에서 한 치 높이로도 떠서 살 수가 없다. 우리 눈에 보이는 하늘의 밝은 별들은 그곳에서 우리가 함께 거하기에는 너무나도 크고 영광스러워 보인다. 그 거대한 존재들과 비교해 볼 때 우리는 메뚜기와 같다. 그것들이 우리의 연약한 본성을 단번에 삼켜버리고 소멸시킬 수 있을 것처럼 보인다. 그런 우리가 어떻게 그 모든 것들보다 더 높이 올라갈 수 있겠는가? 어떻게 그 사실을 이해하고 즐거워할 수 있겠는가? 거대한 천체들이 거하는 우주 공간과도 비교할 수 없을 정도로 더 영광스러운 곳에서 영원한 삶을 영위하리라는 것을 어떻게 이해하고 즐거워할 수 있겠는가? 그런 곳에 거할 수 있으리라는 가능성이 우리 본성에 조금이라도 존재하는가?

참 흥미롭습니다. 오웬 목사님의 의문은 오늘날 우주 과학 시대를 사는 우리의 고민이기도 합니다. 이러한 의문에 대한 오웬 목사님의 대답을 보겠습니다.

그렇다! 주 예수 그리스도께서 자신 안에서 우리에게 하나의 보증물을 주셨다. 바로 그리스도가 우리의 인성을 취하신 채로 눈에 보이는 하늘보다 훨씬 더 높이 오르신 것이다. 그리스도 안에 있는 인성이 거하는 영원한 처소는 바로 빛과 영광으로 충만한 복된 곳이다. 그리고 그가

계신 곳에 우리도 영원토록 함께 있게 될 것이라고 약속
하셨다.

여러분, 성자께서 우리를 구원하는 사역을 수행하기 위해 성육
하신 후, 이제 지상에서의 모든 사역을 완수하셨습니다. 그렇지
요? 그렇다면 이제 천국에 가신 성자는 다시 육을 벗으시고 보이
지 않는 하나님으로 계실까요? 그렇지 않습니다. 성경은 그렇게
말씀하지 않습니다. 새 하늘과 새 땅에서도 성자 하나님은 우리와
의 영원한 교제를 위해 육체적 현존을 따라 계실 것입니다. 우리
역시 영원한 생명을 누리며 주님과 더불어 영원한 교제를 나눌 것
입니다. 물론 새 하늘과 새 땅의 삶에 적합한 육체를 가진 상태로
살아갈 것입니다.

지금 우리가 소유한 몸은 이 땅에서 썩게 될 몸입니다. 이 몸은
이 우주의 영광스러움을 조금도 견디지 못하는 연약한 육체입니
다. 그러나 부활체의 영광을 입은 몸은 다릅니다. 그 영광스러운
몸은 육체적 현존을 따라서도 얼마든지 새 하늘과 새 땅의 영광을
감당하고도 남을 강한 몸일 것입니다. 이 사실을 누가 보증한다고
말씀합니까? 승천하신 그리스도입니다. 그리스도께서 승천하신
그대로 우리에게 그대로 내려오실 것입니다. 그 넓은 우주 공간을
통과하고도, 우주 방사선에 의해 전혀 해함을 받지 않은 채, 전혀

상하지 않은 모습으로 우리에게 내려오실 것입니다. 그리고 부활체의 영광을 입은 우리를 새 하늘과 새 땅으로 이끌어 가실 것입니다.

이처럼 그리스도의 영광을 묵상할 때, 곧 성육신, 십자가와 부활, 그리고 승천에 나타난 그리스도의 영광을 묵상할 때, 우리는 인간은 누구인가를 알고 우리가 얼마나 영광스러운 존재인가를 잘 알 수 있습니다. 지금까지의 논의를 정리하는 차원에서 "우리가 왜 그리스도의 영광을 묵상해야 하는가?"에 관한 여덟 가지 이유를 정리해 드리겠습니다.

① 성육신: 하나님을 등지고 패역함으로써 지옥에까지 낮아져 비참하게 된 우리의 본성은 바로 "그리스도 안에서" 모든 피조물들보다 높아진다.

② 연합: 우리와 하나님과의 관계는 그리스도 안에서 영원히 확보된다.

③ 십자가 & 부활: 우리의 모든 대적들, 심지어 죽음까지도 그리스도 안에서만 극복할 수 있다.

④ 승천 & 재위: 눈에 보이는 하늘보다 훨씬 위에 있는, 그리고 빛이 충만한 그 복된 곳에 우리가 거할 수 있다는 보증이 그리스도 안에 있다.

⑤ 그리스도의 영광을 묵상할 때 우리는 세상의 하찮은 것들 때문에 마음 아파하는 것이 얼마나 합당하지 못한 일인지를 알게 된다.

⑥ 그리스도의 영광을 묵상할 때 마음이 회복되고 평정을 찾게 된다.

⑦ 그리스도의 영광을 묵상할 때 하나님께서 우리를 사랑하신다는 사실을 깨닫는다.

⑧ 그리스도의 영광을 진실하게 숙고할 때 기쁨과 위안으로 죽음을 맞이하고 통과한다.

지금까지 우리는 처음 네 가지의 이유를 함께 생각해 보았습니다. 다섯 번째부터 마지막까지의 이유 또한 정말 마음에 와 닿습니다. 특히 "그리스도의 영광을 진실하게 숙고할 때 기쁨과 위안으로 죽음을 맞이하고 통과한다"는 진술에 우리는 "아멘"으로 응답할 수 있습니다. 이 죽음마저도 그리스도께서 우리를 대표해서 먼저 죽음을 통과하신 것입니다. 따라서 우리는 그리스도의 발자취를 따라서 인생의 모든 어려움과 죽음까지도 기쁨으로 통과할 수 있는 것입니다.

6. 개혁주의 인간론의 특징:
"그리스도의 영광을 묵상하라"

개혁주의 인간론의 특징을 살펴본 오늘의 강의를 한 마디로 요약하자면 "그리스도의 영광을 묵상하라"입니다. 이생에서의 현재 내 모습은 보잘 것 없이 보일 수도 있습니다. 마치 작고 동그랗고 못생긴 바오밥나무의 씨앗과 비슷합니다. 그런데 이 씨가 땅에 심겨지고 성장하면 이 세상에서 제일 큰 나무 수종 중에 하나인 멋진 바오밥 나무가 됩니다. 또한 여기 장미꽃 씨가 있습니다. 이 작고 검은 씨를 심으면 정말 아름다운 장미꽃을 피울 것입니다. 이렇게 멋진 장미꽃 씨를 사기 위해 꽃집에 가면 만개된 형태의 장미 꽃 사진이 인쇄되어 있는 꽃씨를 판매합니다. 지금의 씨앗 모습을 그대로 사진을 찍어 디스플레이 해 놓은 상품은 없습니다. 소비자는 만개된 형태의 꽃을 보면서 그 꽃의 씨앗을 구매하는 것입니다. 이 원리는 우리와 하나님과의 관계에도 적용됩니다. 하나님은 우리를 보실 때, 부활체의 영광을 입은 영광스러운 존재로 우리를 바라보십니다. 지금 나의 연약한 실존이 그 영광에 미치지 못한다 하더라도 하나님은 앞으로 나에게 덧입히실 부활체의 영광을 입은 완성된 나의 모습을 바라보시는 것입니다. 하나님께서는 현재의 우리도 미래의 우리의 모습을 바라보며 살아갈 것을 요구하십니다. 곧 그리스도의 영광을 바라보며 살라는 말씀이지요. 나도 그리스도의 영광을 보면서 "내가 그러한 영광스러운 존재가 될 것이구나!" 이 사실을 생각하며 행복하게 살아가라고 말씀하는 것입니다. 이를 확신할 수 있도록 예수 그리스도를 우리에게 보증인으로 주신 것입니다.

한 걸음 더 나아가, 우리는 내 주변에 있는 형제자매를 동일한 시각으로 바라보아야 합니다. 나뿐만 아니라 우리 모두를 그렇게 변화시킬 것을 바라보면서 함께 성찬에 참여하는 것입니다. 성찬은 하나님께서 우리를 바라보시는 시각을 계시하는 은혜의 수단입니다. 성찬에 참여하는 신자는 그리스도와 연합된 신자의 실존을 살갑게 경험합니다. 성찬 안에서 그리스도의 살과 피를 먹고 마시는 현재의 나를 하나님은 그리스도와 연합된 영광스러운 모습으로 바라보신다는 의미입니다. 그러니까 성찬은 자주 할수록 좋은 것입니다.

7. 결론: "주님의 기도, 우리의 기도"

마지막으로 우리 주님의 기도를 우리의 가슴에 새겨봅시다. 요한복음 17장 24절 말씀입니다. "아버지여 내게 주신 자도 나 있는 곳에 나와 함께 있어 아버지께서 창세전부터 나를 사랑하시므로 내게 주신 나의 영광을 그들로 보게 하시기를 원하옵나이다." 모세 역시 동일한 기도를 드렸습니다. 출애굽기 33장 18절입니다. "이르되 원하건대 주의 영광을 내게 보이소서." 예수님의 제자 빌립도 같은 기도를 드렸습니다. "빌립이 이르되 주여 아버지를 우리에게 보여주옵소서 그리하면 족하겠나이다"(요14:8). 예수님께서는 나를 본 자는 아버지를 본 것이라고 빌립에게 대답해 주셨습니다. 곧 그리스도의 영광을 본 자는 하나님을 본 것입니다. 시편 63편 2절에서 시편 기자는 "내가 주의 권능과 영광을 보기 위하여 이와 같이 성소에서 주를 바라보았나이다."라고 고백합니다.

지금 우리도 동일한 고백을 하나님께 드리고 있습니다. 우리가 예배당 안에 하는 일이 무엇입니까? 곧 주의 영광을 바라보는 일입니다. 다윗은 시편 17편 15절에서 "나는 의로운 중에 주의 얼굴을 뵈오리니 깰 때에 주의 형상으로 만족하리이다."라고 고백합니다. 다윗은 "안수정등도"가 보여주는 인생의 비참함을 바라본다고 말하지 않았습니다. 죄로 인한 비참함이 인생의 실존인 것이 분명하지만, 신자는 그것만을 바라보고 사는 존재가 아닙니다.

오히려 그리스도의 영광을 바라보면서 아침, 저녁으로 주일마다 그리스도의 영광을 내 마음속으로 묵상하는 존재입니다. 그리스도의 영광을 바라보며 살다가 그렇게 영광스러운 존재로 변화되는 존재가 바로 우리입니다. 고린도후서 33장 18절의 말씀이 이것을 증거합니다. "주의 영광을 보매 그와 같은 형상으로 변화하여 영광에서 영광에 이르니 곧 주의 영으로 말미암음 이니이다." 오늘 이후, 우리 모두 그리스도의 영광을 바라보며 살다가 이 약속의 말씀이 우리 안에 그대로 성취되는 것을 체험하는 복을 경험하기를 주님의 이름으로 축원합니다. 기도하겠습니다.

하나님 감사합니다. 과연 인간이 누구인지, 인간의 실존이 무엇인지에 대해 세상의 이성과 철학으로 생각할 때에는 오로지 비참함 밖에는 볼 것이 없습니다. 또한 성경말씀을 통해서도 타락한 인간의 실상이 얼마나 비참한 처지에 있었는지 발견합니다. 그러나 성경말씀을 통해 또 다른 모습을 우리에게 계시해 주신 것으로 인해 감사와 찬양을 드립니다. 성경을 통해 우리는 하나님께서 인간을 얼마나 영광스러운 존재로 지으셨는지 알게 되었습니다. 또한 타락으로 인해 비참한 처지에 놓인 우리에게 그리스도를 보내주셨습니다. 그리스도의 놀라운 구속으로 우리를 구원해 주시고, 우리에게 그리스도의 영광을 덧입히시고, 하나님의 형상, 곧 그리스도의 형상으로 날마다 빚어가시는 하나님의 놀라운 은혜의 사역을 알게 하셨으니 이를 인하여 감사를 드립니다. 오늘 이후로 일평생 그리스도의 영광을 묵상하며 살게 하옵소서. 그리스도만을 바라보고, 그리스도의 영광을 묵상하다가 그리스도를 닮은 모습으로 변화되게 하옵소서. 우리가 그리스도의 형상으로 변화하여 새 하늘과 새 땅에서 영원한 복을 누리는 그러한 영광스러운 존재임을 확신하게 하옵소서. 이러한 영광을 바라보며 오늘 하루도 하나님을 찬양하고 또한 하나님의 뜻에 순종하는 삶을 살게 하옵소서. 예수님의 이름으로 기도합니다. 아멘.

4

하나님의 관심은 사람이다
창 1:26–31

정창균

서론

오늘 우리가 함께 나눌 주제는 성경이 말하는 인간론입니다. 사람에 대한 성경의 가르침인 것입니다. 오늘은 사람에 대한 말씀을 세 가지 점에서 나누려고 합니다. 첫째는 하나님의 관심은 사람이다는 말씀입니다. 둘째는 사람에 대한 하나님의 관심의 핵심은 구속사적 관심이라는 말씀입니다. 하나님의 사람에 대한 관심은 사람을 구원하고 거룩하게 하고 결국 영화롭게 하시려는 것입니다. 마지막으로 하나님과 사람의 관계를 유지하는데 결정적인 장애가 되는 것으로 세속화의 문제를 함께 나누려고 합니다. 하나님의 집중적인 관심을 받은 사람들이 하나님께 관심을 갖지 않고 점점 하나님에게서 떠나가는 현상입니다.

하나님의 최대의 관심인 사람

창조 이전부터 지금까지, 그리고 마지막 까지 하나님의 최대의 관심은 "사람"입니다. 하나님의 관심이 사람에게 집중되어 있다는 것은 성경 전반에 걸쳐서 밝히 드러나는 사실입니다. 하나님의 최대의 관심은 사람이라는 사실은 창조의 현장에서도 밝히 드러납니다. 사실 창조의 현장은 하나님께서 얼마나 사람을 귀하게 여기셨는가를 보여주는 생생한 증거이기도 합니다.

매일의 창조가 끝날 때마다 반복되는 확인은 "보시기에 좋았더라!"는 것입니다. 이러한 사실은 하나님은 매일의 창조를 즉흥적으로 하시지 않았으며 사전 계획과 기준을 갖고 하셨다는 명백한 증거이기도 합니다. 기준이 있었으니 그것이 좋았다는 판정, 즉 만족하셨다는 판정을 하신 것입니다. 하나님은 모든 것을 절대자의 기준으로 볼 때 좋을 만큼 좋게 창조하셨습니다. 모든 피조물들을 모두 그렇게 좋게 창조하신 다음 맨 나중에 드디어 사람을 창조하셨습니다. 창조의 수준만이 아니라, 순서에도 계획이 있었습니다. 사람을 의도적으로 모든 창조가 끝난 후 맨 나중에 만드시고 그들에게 지금까지 만드신 모든 피조계를 맡기신 것입니다. 하나님께서 이렇게 창조하시는 의도가 무엇인가는 사람 창조가 다 끝나고 나서야 알 수 있습니다. 한 마디로 하면 사람 주려고 그렇게 하셨습니다. 그것은 창조가 다 끝난 다음의 말씀을 보면 알 수 있습니다. 그런데 사람의 창조는 그 방법도 내용도 다른 피조물의 창조와는 확연히 달리 하셨습니다. 직접 빚어서 만드셨고, 또 하나님과 공통적인 부분이 있게 만드셨습니다. 하나님과 통하는 부분이 있게 만드신 것입니다. 사람을 다 만드신 다음에는 그들에게 복을 주셨습니다. 그 복의 구체적인 내용이 "땅에 충만하라, 땅을 정복하라, 모든 생물을 다스리라"(창1:28)는 것이었습니다. 그리고 지금껏 창조하신 다른 피조물들을 놓고 사람에게 말씀하셨습니다. "너희에게 주노니"(29절), "너희에게 주노라'(30절). 즉 이 모든 것들을 다 사람에게 주려고 그렇게 만드셨다는 말씀입니다.

뿐만 아닙니다. 하나님은 그것(모든 피조물을 사람에게 주는 것)을 매우 기뻐하셨습니다. 생육하라, 번성하라, 땅에 충만하라, 땅을 정복하라, 땅을 다스리라는 명령은 군주의 엄위한 명령 혹은 추상같은 불호령투가 아니라 송영적 특징을 갖는 어투(Doxological)로 기록되어 있음을 주목해야 합니다. 하나님이 모든 피조물을 사람에게 주시는 것을 얼마나 기뻐하시고, 즐거워하시는가를 암시하고 있습니다. 즉 축제적인 분위기인 것입니다. 그러나 그렇게 특혜를 받은 인간이 하나님을 배신하고 반역해버릴 수도 있는 가능성을 보장하셨습니다. 그렇게 보면 사실 하나님이 모든 피조물을 인간에게 맡기신 그것은 "매우 위험한 모험"이었습니다. 그 후에 사람이 하나님을 어떻게 반역했는가를 보면 알 수 있지 않습니까! 그럼에도 불구하고 하나님은 그렇게 하셨습니다.

인간만이 하나님과 통하게 하려고 하나님과 공통적인 부분이 있게 창조하셨습니다. 당신의 형상을 사람에게 두신 것입니다. 하나님과 사람 사이에는 절대로 공유할 수 없는 하나님만 독특하게 가지신 속성이 있습니다. 그런가 하면 하나님과 사람이 공통적으로 공유하고 있는 속성이 있습니다. 이것은 인간에 대한 하나님의 특별한 배려요, 놀라운 대우입니다. 하나님은 인간을 만들어서 거기 놓고 로봇처럼 조정하고 부릴 대상으로 창조하신 것이 아닙니다. 하나님과 특별한 관계를 맺고 함께 살아갈 대상으로 창조하셨습니다. 이것은 다른 어떤 피조물과도 다른 인간만의 독특한 점입니다. 인간은 개나 돼지와 같을 수 없습니다. 개나 고양이가 인간과 같을 수도 없습니다. 근래에 애완동물에 대한 관심이 깊어지고 보편화하면서 기이한 현상이 일어나고 있습니다. 집에서 기르는 애완견을 두고 자기의 자녀처럼 말하거나 자기 자녀의 형제 자매인 것처럼 말하는 것이 자연스러워지고 있습니다. 개를 기르다보면 정이 듭니다. 그리고 사랑스럽습니다. 그러나 개가 나의 자식일 수는 없습니다. 내 아들이 강아지의 오빠일 수는 없습니다. 우리는 사람을 개로 만들 수도 없고, 개를 사람으로 만들 수도 없습니다. 그리스도인이라면 언어를 매우 사려 깊게 사용해야 합니다. 생명 있는 것들을 사랑하고 같이 교감을 하고 귀여워할 수 있습니다. 하나님이 만드신 피조물, 하나님이 만드신 생명체를 아끼고 잘 관리하고 사랑하는 우리의 책임이기도 하고 우리에게 주신 특별한 복이기도 합니다. 그러나 우리가 아무리 애완동물을 사랑하고 정이 들었다 해도 강아지가 사람이 되지는 않습니다. 우리가 아무리 개하고 잘 통한다 그래도 우리가 개가 되지는 않습니다. 그런데 너무나 자연스럽게 많은 분들이 자기가 집에서 키우는 강아지를 놓고 "엄마 기다렸어?" 그럽니다. 들어오면서 "어 알았어, 알았어 오빠가 해줄 거야" 그럽니다. 강아지를 자기의 딸로 만들기도 하고, 아들의 자매로 만들기도 하는 겁니다. 사람을 강아지로 만드는 건지, 개를 사람으로 만드는 건지 모르겠습니다. 오해는 하지 마십시오. 애완동물을 키우거나 애완동물을 사랑해서는 안 된다고 말하는 것이 아닙니다. 사랑해야 합니다. 우리는 심지어 꽃 한 송이 나무 하나를 보고도 예쁘면 가서 말을 걸듯이 참 예쁘다, 너 여기만 있는 게 아깝다. 사람이 많이 다니는 곳에 있으면 더 좋을걸 하고 말하기도 합니다. 그러나 엄마로 혹은 내 딸의 오빠로 말하지는 않습니다. 우리 신자들은 일상의 말도 성경적으로 해야 되는 것입니다.

하나님은 사람에게만 하나님을 향한 자신의 사랑을 의지적으로 결정하고 그것을 하나님께 표현할 기회를 부여하셨습니다. 선악과가 그것입니다. 선악과는 올무이거나 함정으로 부여된 것이 아닙니다. 그것은 기회로 부여된 것이었습니다. 자신의 자유로운 의지로 처신을 결정하고 그것이 하나님의 말씀에 대한 절대 신뢰와 사랑의 증거가 되는 것은 모든 피조물 가운데 인간에게만 부여된 기회였습니다. 선악과 명령이 없다면 인간은 아무리 하나님을 사랑해도 그것을 당당하게 표현할 기회를 가질 수 없습니다. 따먹고 싶은데도 하나님의 말씀을 기억하여 유혹을 극복하고 순종함으로써 자신이 그렇게나 하나님을 사랑하고 있음을 당당하게 드러낼 기회인 것입니다. 그러므로 선악과 명령은 그 과일 자체의 문제가 아닙니다. 그 과일을 빌미로 형성된 하나님과의 관계에 대한 문제입니다. 그러나 사람에게 그렇게 하시고 하나님이 인간에게 돌려받은 것이 무엇인가, 다른 말로 하면 하나님께 그런 대접을 받고 인간이 그 자리에서 하나님께 돌려드린 것은 무엇이었는가를 살펴보면 매우 충격적입니다. 사람은 그 자리에서 하나님께 돌려차기를 해버린 것입니다. 그것이 바로 에덴에서 일어난 사람의 하나님 반역사건입니다. 우리는 교회에서 신앙생활하면서 자주 상처받았다고 말합니다. 그래서 교회를 그만 나와겠다고 떼를 쓰기도 하고, 하던 일을 그만두겠다고 협박을 하기도 합니다. 그러나 역사상 가장 큰 상처를 최초로 받은 이는 바로 하나님이셨습니다. 하나님은 그 상처를 바로 사람에게 받으셨습니다. 그 자리에서 돌려차기에 당한 상처받은 하나님이 그럼에도 그 자리에서 하신 일은 바로 그 인간을 위하여 가죽 옷을 지어 입히고 돌아서서 뱀의 머리를 밟고 인간을 구원 할 여자의 후손을 준비하시는 일을 시작하신 것입니다. 그 역사의 진행으로 결국 하나님 자신이신 그리스도께서 이 땅에 오신 것이고, 죽으신 것입니다. 이 모두가 사람 때문에 일어난 일입니다. 그리고 지금도 그 역사가 진행되고 있고, 주님이 재림하실 때 까지 사람 구원의 일은 계속 될 것입니다.

지금까지 그리고 마지막 날까지 하나님의 최대의 관심은 사람입니다. 사람을 구하기 위하여 사람으로 오신 하나님이 바로 예수님이었습니다. 예수님이 이 땅에서 사역을 하시는 동안 가장 집중적인 관심을 쏟은 것도 바로 사람이었습니다. 그가 어린아이 한 사람을 어떻게 귀하게 여기셨는가를 우리는 너무나 분명히 압니다. 그는 당시 세도가들에게 먹기를 탐하고 마시기를 즐기는 인물, 혹은 죄인과 세리들과 한 패거리라는 오명을 뒤집어쓰면서도 일관되게 사람을 귀하게 여기는 행적을 이어갔습니다. 사람을 함부로 여기며 자기들의 전통이나 정치적 종교적 잇속을 위하여 사람을 무시하거나 괴롭게 하거나 함부로 취급하는 사람들을 무섭게 질책하고 비난하는 일을 서슴지 않았습니다. 그는 한 사람의 인간회복을 위해서라면 돼지 2천마리의 엄청난 재산 손실도 개의치 않았습니다. 이렇게 보면, 하나님은 사람 때문에 천지를 창조하신 것이고, 사람 때문에 아들을 죽이셨습니다. 그리고 사람 때문에 주님은 다시 오시는 것입니다. 주님께서 죽음의 십자가를 코앞에 두고 행한 고별설교를 시작하는 첫 마디에서 이 사실을 분명히 하셨습니다. "내가 너희를 위하여 거처를 예배하러 가노니 가서 너희를 위하여 거처를 예비하면 내가 다시 와서 너희를 내게로 영접하여 나 있는 곳에 너희도 있게 하리라!"(요 14:2-3). 하나님께서 의도하신 천국의 주인공은 사람입니다. 예수님이 사람을 위한 처소를 예배하러 가신다고 하셨습니다. 처소가 마련되면 다시 오셔서 사람을 영접하여 천국에서 함께 있게 하시겠다고 하셨습니다. 이렇게 보면 천국은 왜 있을까요? 사람 때문에 있습니다. 창조 때 에덴이 사람을 위하여 있었듯이, 새 하늘과 새 땅인 천국도 사람을 위하여 있습니다. 이것이 하나님의 계획이고 뜻입니다. 그곳에서 사람은 보좌에 앉으신 하나님과 어린양 예수를 경배하고 찬양하며 영원히 삽니다. 인간의 가장 큰 영광과 행복과 가치는 하나님을 경배하고 하나님께 영광을 돌리는 데 있습니다.

이 사실이 갖는 두 가지 의미

하나님의 최대의 관심이 사람이라는 사실은 우리에게 두 가지 교훈을 분명하게 제시합니다. 첫째, 하나님이 그렇게 중요하게 여기시고 최대의 관심으로 여기는 우리 자신에게 우리도 최대의 관심을 가져야 한다는 사실입니다. 하나님이 귀하게 여기신다는 사실을 근거로 우리도 우리 자신을 귀하게 여겨야 합니다. 우리의 재력이 아닙니다. 우리의 학벌이 아닙니다. 우리의 명예가 아닙니다. 그것들은 우리 자신이 아닙니다. 하나님은 우리의 무엇이 아니라, 우리 자체에 관심이 있으십니다. 하나님의 관심은 우리가 내는 헌금이나 헌신이나 봉사가 아닙니다.

우리의 어떤 조건이 하나님의 목적이 아니라, 우리 자신이 하나님의 목적입니다. 하나님이 우리에게 관심을 가지시는 그 요소들로 우리도 우리 자신에 관심을 가져야 합니다. 나는 하나님의 자녀라는 사실, 하나님의 사랑을 받는 존재라는 사실, 하나님의 언약백성이라는 사실로 자신에게 관심을 갖는 것입니다. 하나님의 언약백성, 구원받은 자녀, 영원히 하나님과 함께 살아갈 존재로 자신을 대하는 것입니다. 그리고 그에 걸맞게 사는 일에 가치를 두고, 그것을 큰 행복과 명예로 여기며 사는 것입니다. 이것을 사도 바울은 하나님께 합당하게 사는 것이라 했습니다. 하나님의 저울로 달아볼 때 무게가 나가는 삶을 산다는 말입니다. 하나님의 가치기준으로 판단할 때 값이 나가는 인생이라는 말입니다.

뿐만 아닙니다. 하나님은 우리를 우리의 행동에 여하에 따라 우리를 좋아하시거나 싫어하시지 않습니다. 우리가 가지고 있는 사용가치에 따라 귀하게 여기시거나 하찮게 여기시는 것이 아닙니다. 우리가 범죄하고 실패할 때도 하나님은 우리를 끊어버리지 않고 여전히 우리에게 관심을 가지십니다. 요나는 하나님이 직접 주신 명령을 거부하고 하나님을 피하여 도망하려 했습니다. 그런데도 하나님은 요나를 그 자리에서 끊어 내쳐버리지 않았습니다. 요나를 포기하고 잊어버리지도 않으셨습니다. 요나 한 사람을 변화시키고 회복시키기 위하여 끝까지 그를 추적하시고 체포하시고 물고기 배속의 시련을 당하게 하시면서 다시 한 번의 기회를 주셨습니다. 하나님께 대들고 분노하고 하나님을 조롱하는데도 하나님은 끈질기게 요나를 기다리시고 설득하시며 하나님이 정하신 곳까지 이끌어 가십니다.

바로 거기에 요나의 존재와 인생의 가치가 있습니다. 하나님이 아직도 그를 귀하게 여기시니까 범죄자임에도 요나의 인생은 여전히 귀한 것입니다. 아무리 재산이 많고 학벌이 좋아도 하나님이 관심 없어 하는 사람이라면 그의 존재는 아무런 가치가 없습니다. 우리의 진정한 가치는 우리가 벌어서 획득하는 것이 아닙니다. 하나님이 우리를 귀하게 여겨주시니 우리 존재가 귀하고 가치 있고 의미 있는 존재입니다. 그러므로 우리도 자기 자신을 그렇게 여겨야 됩니다. 하나님이 불순종하고 범죄 한 나를 단번에 없애버리거나 관심을 끊어버리지 않으시고 징계하시면서라도 여전히 관심을 갖고 고치려하신다면 그 사실로 우리 인생은 하나님의 관심을 받는 귀한 존재인 것입니다. 죄를 범하고 타락하였는데도 하나님이 아무런 관심 없이 놓아두시면 사생자로 취급하시기 때문이고, 징계하신다면 아들로 여기시기 때문이라는 것이 히브리서 기자의 가르침입니다.

둘째, 다른 사람에 대하여도 사람자체에 최대의 관심을 갖는 것입니다. 우리가 교회 일을 하는 것은 하나님께서 지금 이곳에 계신다면 직접 하실 일을 우리를 불러서 대신 하도록 하신 것이라고 할 수 있습니다. 그러므로 사도 바울도 자기가 교회의 일군으로 사역을 하는 것을 두고 이렇게 말하였습니다. "그리스도의 남은 고난을 내 육체에 채운다."(골 1:24). 그러므로 교회의 일을 가장 잘 하는 것은 하나님이 직접 하신다면 하실 방식으로 하는 것입니다. 그런데 하나님이 직접 교회 일을 하신다면 반드시 사람을 가장 중요하게 여길 것은 확실한 일입니다. 그러므로 우리가 교회 일을 할 때는 사람을 중요하게 여기는 원리로 일을 하는 것이 가장 잘 하는 사역입니다. 하나님의 관심은 언제나 사람에게 있으므로, 하나님의 일로서 가장 잘하는 방법도 당연히 사람에게 초점이 맞추어진 사역일 것은 당연합니다.

그러므로 너무 많은 사역자들이 "사람"보다는 "일"에 관심을 집중하는 것은 그 일을 맡기신 하나님의 방식대로 하는 것이 아닙니다. 하나님은 구원역사라는 일을 성취하기 위해서 예수님을 죽이신 것이 아닙니다. 사람을 구원하기 위해서 예수님을 죽이는 구원역사라는 일을 행하신 것입니다.

하나님은 예나 지금이나 일을 위해서 사람을 동원하시지 않습니다. 오히려 그 반대입니다. 사람을 위하여 일을 동원하시는 것입니다. 만약 일의 성취나 혹은 효율성이나 경제성을 위해서라면 하나님은 굳이 사람을 동원하실 필요가 없습니다. 하나님이 부리시는 천사 하나를 동원하여 세상의 모든 사역자들이나 신자들이 모여서 하는 일보다 훨씬 더 큰일을 훨씬 더 빨리 훨씬 더 효과적으로 하실 수 있습니다. 아니 그분은 지금도 창조 때처럼 말씀 한 마디로 무엇이든 하실 수 있습니다. 그런데도 굳이 그 답답함을 참아가면서 사람을 동원하여 일을 하려하시고, 또 새로운 일들을 자꾸 만드시는 것은, 사람을 복되게 하고, 그들의 삶을 의미 있게 하고, 영광스럽게 해주기 위한 열심 때문입니다.

이러한 원리는 신자의 모든 삶에서 동일하게 적용됩니다. 가정에서 자녀를 대할 때도 부모는 자녀의 성적이 아니라, 자녀 자신에게 최대의 관심을 가져야 합니다. 아내는 남편의 월급이 아니라, 남편 자신에게 최대의 관심을 갖고 남편 자신을 귀하게 여겨야 합니다. 하나님이 그렇게 하시기 때문입니다. 아내를 대하는 남편도 마찬가지입니다. 교회에서 우리가 다른 사람을 대할 때 명심할 것도 하나님이 그 사람을 귀하게 여기신다는 사실입니다. 예수님께서 그 사람을 위해서도 죽으셨다는 사실을 기억하고 다른 사람을 대하는 것입니다.

물론 인간은 누구나 할 것 없이 전적으로 타락하고 부패한 죄인입니다. 우리는 죄를 범해서 죄인이 되는 것이 아닙니다. 죄인이어서 죄를 범하는 것입니다. 우리는 죄인이 되는 것이 아니라, 죄인으로 태어납니다. 다윗이 모친이 죄 가운데서 나를 잉태하였다고 말하는 것은 자기의 범죄의 책임이 어머니에게 있다는 말이 아닙니다. 태어날 때부터 죄인이라는 고백입니다. 우리 인간은 전적으로 부패한 별 수 없는 죄인이라는 것은 굳이 개혁신학의 인간론을 철저하게 공부해야만 알 수 있는 것이 아닙니다. 개혁신학의 인간론을 공부할 필요 없이 양심만 제대로 가져도 우리가 얼마나 부패한 죄인인가를 금방 알 수 있습니다. 그런데도 신자인 우리는 아주 중요하고 귀한 사람들입니다. 우리 존재는 가치가 있고 의미가 있습니다. 죄인이기 때문이 아닙니다. 죄인임에도 하나님이 관심을 기울이시고 이끄시는 사람이기 때문입니다. 우리도 우리 자신에 대하여도, 그리고 다른 사람들에 대하여도 이러한 생각으로 관심을 갖고 그의 존귀함과 가치를 인정하며 대해야 합니다.

구속사적 관심

하나님의 최대의 관심은 사람이라는 것은 알겠는데 그러면 하나님의 관심은 사람의 무엇에 대한 관심인가 하는 것이 궁금합니다. 사람을 어떻게 하시려고 이렇게 관심을 쏟으시는 것인가 하는 문제입니다. 인간에 대한 하나님의 관심은 크게 세 가지 내용입니다. 첫째는 사람을 구원하시려는 것입니다. 그것을 위해서 하나님은 독생자 그리스도를 인간으로 보내셨습니다. 그리고 인간으로 오신 예수님은 죄인 취급을 받으시며 십자가에서 죽으셨습니다. 그리고 부활하셨습니다. 그리하여 죄인인 인간이 구원을 얻을 구원사역을 이루셨습니다. 하나님의 관심은 거기서 그치지 않습니다. 두 번째 내용이 있습니다. 구원하신 사람을 이 땅에서 사는 동안 거룩하게 살게 하려고 모든 관심을 기울이십니다. 이것을 신학 용어로 말하면 성화라고 합니다. 사도 바울이 데살로니가전서에 한 말씀대로 바꿔서 말하면 하나님께 합당한 사람으로 살게 하려는 것입니다. 에베소서에 있는 말로 말하면 사람을 잘 준비시키고 그리스도의 장성한 분량에 이르기까지 그를 온전하게 하려는 것입니다. 빌립보서의 말씀으로 하면 마음에 선한 소원을 갖게 하시고 그리스도 예수께서 오시는 날까지 완성해나가시려는 것입니다. 어떤 사람들은 구원은 하나님의 사역이고, 성화는 사람의 책임이라고 잘못 알고 있습니다. 성화는 구원받은 사람들이 자기 책임으로 이루어내야 할 일이라는 것입니다. 그러나 그렇지 않습니다. 하나님은 사람을 구원해 놓으시고 이 인간들이 자기 책임을 수행하는지 하지 않는지 감시를 하는 차원에서 사람들을 살펴보시는 것이 아닙니다. 구원하신 사람에 대한 하나님의 관심은 이들이 거룩한 삶을 사는지 살펴보시는 것 뿐만이 아니라, 거룩한 삶을 살도록 이끄시기 위하여 관심을 쏟으시는 것입니다. "너희 속에 착한 일을 시작하신 이가 그리스도 예수의 날까지 이루신다"는 것이 사도 바울의 말씀입니다(빌 1:6). 우리의 성화는 전적으로 우리의 책임인 것이 아니라, 그것도 하나님이 하시는 일이라는 분명한 선언입니다. 셋째로, 하나님의 사람에 대한 관심의 절정은 그를 영화롭게 하시려는 것입니다. 예수님의 모습과 똑같이 영화로운 모습이 되게 하려는 것입니다. 예수님께서 하늘로부터 다시 오시는 날 그분은 낮고 천한 우리의 몸을 그리스도 자신의 몸처럼 영화롭게 하신다는 것이 빌립보서에서 사도 바울이 힘주어 가르치는 말씀입니다(빌 3:21). 이렇게 볼 때, 사람에 대한 하나님의 관심의 핵심이 무엇인가는 분명합니다. 첫째 사람을 구원하고, 둘째 그 사람을 거룩하게 하고, 세째 그래서 결국 그 사람을 영화롭게 하시려는 것입니다. 이것은 단번에 이루지는 단회적 사건이나 이벤트가 아닙니다. 하나님께서 시간과 공간 속에서 점진적으로 이루어가는 역사입니다. 개인적으로 보아도 구원을 받고 살다가 죽어서 주님 앞에 갈 때까지 평생 동안 이루어지는 진행형의 일입니다. 역사적으로 보아도 에덴 동산에서부터 주님이 다시 오실 때까지 진행되는 긴 역사입니다. 이런 점에서 사람에 대한 하나님의 관심은 구원 역사적 관심 혹은 구속사적 관심이라고 할 수 있습니다.

하나님 나라와 하나님의 백성으로 부르심

하나님의 사람에 대한 이와 같은 구원역사적 관심 혹은 구속사적 관심의 궁극적 의도가 어디에 있는 것인가를 아는 것이 중요합니다. 그것은 하나님 나라와 하나님의 백성의 형성에 있습니다. 각 사람을 구원하고 거룩하게 하고 영화롭게 하여 결국 무엇을 이루고자 하시는가 하면, 하나님의 나라를 형성하고 하나님의 백성을 이루어내는 것입니다. 물론 하나님은 사람을 개별적으로 구원하십니다. 가족 단위나 민족단위로 구원하시지 않습니다. 개인 개인을 부르시고 구원하십니다. 그러나 그 개인을 하나님의 나라로, 하나님의 백성으로 불러내십니다. 개별적으로 구원하시지만 그들이 구원을 받은 사람으로 등장하는 곳은 하나님 나라의 구성원으로, 그리고 하나님의 백성의 일원으로 나타나는 것입니다. 다시 말하면 각 사람은 개별적으로 불림을 받지만 그가 불려내지는 곳은 하나님의 나라입니다. 하나님은 정창균이라는 개인을 불러내셨지만 저를 하나님 나라의 백성으로 불러내셨습니다. 그러므로 우리의 관심이 언제나 하나님과 나 사이의 개인적인 문제나 개인의 축복 등에만 집중되는 것은 잘못입니다. 하나님은 개인을 구원하여 무엇을 하시려는가를 늘 마음에 담고 신앙생활을 해야 하는 것입니다. 우리의 신앙이 지나치게 개별화 되어 있고, 신앙공동체적인 관심이 약한 것은 우리의 큰 약점입니다. 개별신앙만이 아니라, 우리 신앙의 공적차원과 공적책임 등에도 관심을 갖고 그 책임을 수행해야 하는 것입니다.

하나님의 나라를 이루고 그의 백성을 형성하는 것이 하나님의 궁극적인 의도였다는 것은 에덴동산에서부터 분명하게 확인할 수 있습니다. 하나님이 아담과 하와를 창조하시고 그들에게 복을 주시고 약속을 하실 때 그것은 단순히 하나님과 아담 사이에만 국한된 것이 아니었습니다. 하나님은 아담과 약속하실 때 이미 이들로 말미암아 이루어질 땅에 충만하고 땅을 정복할 그 사람들을 내다보고 그들도 대상으로 삼고 계셨습니다. 그러므로 그들에게 "땅에 충만하라. 땅을 정복하라"고 말씀하신 것입니다. 그들이 타락해 버린 현장에서 하나님은 말씀하셨습니다. "내가 너로 여자와 원수가 되게 하고 네 후손도 여자의 후손과 원수가 되게 하리니 여자의 후손은 네 머리를 상하게 할 것이요 너는 그의 발꿈치를 상하게 할 것이니라"(창 3:15). 그리고 12장에 가면 여자의 후손으로 올 사람의 계보가 될 역사를 시작하십니다. 아브라함을 불러내시는 것입니다. 아브라함에게 명령과 약속을 하십니다. "너는 너의 고향과 친척과 아버지의 집을 떠나 내가 네게 보여 줄 땅으로 가라 내가 너로 큰 민족을 이루고 네게 복을 주어 네 이름을 창대하게 하리니 너는 복이 될지라 너를 축복하는 자에게는 내가 복을 내리고 너를 저주하는 자에게는 내가 저주하리니 땅의 모든 족속이 너로 말미암아 복을 얻을 것이라"(창 12:1-3). 에덴동산에서 약속하셨던 여자의 후손의 역사가 아브라함을 통하여 이루어질 것을 보여주시는 대목입니다. 그런데 하나님은 아브라함과 단 둘이서 명령과 약속을 하시면서 사실은 아브라함을 통하여 이루어질 하늘의 별과 같고 바다가의 모래와 같을 큰 민족을 이미 내다보시면서 이 약속을 하시고 있습니다. 하나님의 아브라함 개인과 약속을 하시면서 눈은 앞에서 약속을 하고 있는 아브라함 개인을 넘어서 그를 통하여 이루어질 그 나라와 그 백성을 바라보고 계시는 것입니다. 그리고 출애굽기에 오면 모세를 통하여 이끌어내는 그 백성에게 초점이 맞추어집니다. 아브라함을 불러서 민족(나라)을 이루시겠다는 하나님의 의도는 이렇게 구체적인 진행의 과정을 갖게 되는 것입니다. 하나님은 출애굽하는 이스라엘 백성을 향하여 말씀하십니다. "나는 너희 하나님이 되고 너는 내 백성이 되리라." 그리고 이 말씀은 이후에 아주 특별한 의미로 하나님의 나라와 그 백성을 일컫는 독특한 표현이 되었습니다. 사실 하나님의 역사진행은 이렇게 하여 부르신 그의 나라와 그의 백성 중심의 역사입니다. 예수님이 오시고 십자가에 죽으시고 부활하신 것은 각 개인을 구원하셔서 그들로 하나님의 나라와 그의 백성을 이루시는 역사의 절정에서 이루어진 것입니다. 이 나라와 이 백성은 궁극적으로는 요한계시록에서 드러나는 하늘에서 내려오는 새 하늘과 새 땅으로 표현된 그 나라와 그 땅으로 완성이 될 것입니다. 모든 구원받은 자들은 그 나라의 백성이 되고, 그 나라의 왕이신 하나님을 경배하며 찬양하며 영원히 영화로운 모습으로 살게 될 것입니다.

하나님께서 종국적으로 이루고자 하시는 그 나라, 그 백성의 이 땅에서의 모습이 바로 교회입니다. 매우 제한적이기는 하지만 하나님께서 이루실 그 나라를 이 땅에서 맛볼 수 있는 것이 교회입니다. 그의 나라요 그의 백성들의 공동체가 바로 교회인 것입니다. 우리는 종국적으로는 천국에서 완성된 하나님 나라의 백성으로 영원히 살 것입니다. 그러나 이 땅에서는 교회의 일원으로 살면서 하나님 나라를 맛보기도 하고, 하나님 나라 백성의 복된 책임을 감당하기도 합니다. 구원받은 신자는 이 땅에 사는 동안 하나님이 세우시고 다스리시는 하나님 나라의 일부 혹은 그림자라고 할 수 있는 교회에 속하여 신앙생활을 하는 것이 중요합니다. 종국적으로는 천국의 하나님 나라로 우리를 부르셨듯이, 이 땅에서는 구원하신 우리를 교회로 부르셨다는 사실을 명심해야 합니다.

세속화─ 하나님께 등 돌리기

하나님의 일관된 최대의 관심은 사람입니다. 그러므로 사람의 최대의 관심도 하나님에게 있어야 합니다. 하나님께 최대의 관심을 갖고 살 때 인간은 가장 행복할 수 있고 또 그 존재가 영광스러울 수 있습니다. 그러나 사람은 지속적으로 하나님에게서 눈을 돌리려고 합니다. 우리가 하나님께 관심을 집중하지 못하도록 우리를 유혹하는 결정적인 역할을 하는 것이 다름 아닌 세속화입니다. 세속화의 유혹을 거부하는 것이 쉬운 일이 아닙니다. 세속화란 단순히 돈을 좋아하거나 세상의 노래를 좋아하거나 세상 사람들처럼 옷을 입는 등 어떤 단편적인 행동을 말하는 것이 아닙니다. 세속화는 하나님 지향성, 하나님 중심성에서 인간 지향성, 인간 중심성으로 방향 전환을 하는 것입니다. 하나님을 향하여 서 있던 모습으로부터 세상을 향하여, 인간을 향하여 돌아선다는 말입니다. 방향 전환을 말하는 것입니다. 하나님께 등 돌리기를 하는 것입니다. 하나님 중심의 가치관, 하나님 중심의 역사관, 하나님 중심의 인생관으로부터 인간 중심의 가치관, 인간 중심의 역사관, 인간 중심의 세계관, 인간 중심의 인생관으로 돌아간다는 말입니다. 이것을 하나님은 부패라고 말씀하십니다.

하나님을 향할 것인가, 세상을 향할 것인가의 문제를 극명하게 잘 드러내주는 본문이 있습니다. 요한일서 2:15-17절입니다. "이 세상이나 세상에 있는 것들을 사랑하지 말라 누구든지 세상을 사랑하면 아버지의 사랑이 그 안에 있지 아니하니 이는 세상에 있는 모든 것이 육신의 정욕과 안목의 정욕과 이생의 자랑이니 다 아버지께로부터 온 것이 아니요 세상으로부터 온 것이라 이 세상도, 그 정욕도 지나가되 오직 하나님의 뜻을 행하는 자는 영원히 거하느니라."

이 말씀은 두 대상을 구별하여 명백하게 대조를 시키고 있습니다. "아버지"라는 말로 표현된 한 주체가 있습니다. 그리고 "세상"으로 표현된 또 하나의 주체가 있어서 대조를 이룹니다. 계속 "세상", "세상에 있는 것", "세상" "세상" "세상"이 이어집니다. 그리고 "아버지" "아버지" "하나님"이 세상과 대조를 이루며 등장합니다. 세상과 하나님의 대조입니다. 그리고는 세상에 있는 모든 것을 "육신의 정욕, 안목의 정욕, 이생의 자랑"이라는 말로 요약을 합니다. 그리고 이것들은 아버지께로부터 온 것이 아니라는 말로 아버지와 대조를 시킵니다. "이 세상이나 세상에 있는 것을 사랑하지 말라. 누구든지 세상을 사랑하면" 하면서 세상을 사랑하는 사람과, 하나님의 뜻을 행하는 자를 대조시키고 있습니다. 그리고 결론적으로 세상이 주는 것, 그러므로 세상을 사랑하는 사람은 지나가고, 하나님의 뜻을 행하는 사람은 영원히 거한다는 말로 두 대상이 극단적으로 대조가 되는 운명에 처할 것을 선언합니다. 이 말씀은 결국 세상과 하나님, 세상에 있는 것들을 사랑하는 사람과 하나님의 뜻을 행하는 사람을 대조시키면서 그러므로 세상이나 세상에 있는 것 혹은 세상이 주는 것을 향하지 말고 하나님을 향하라는 메시지를 함축하고 있습니다. 이 말씀은 이렇게 도전하고 있는 셈입니다. 하나님을 사랑하고 하나님의 뜻을 행하는 편에 속할 것인가? 그 반대편에 있는 세상을 사랑하고 세상의 뜻을 행하고 세상을 따라갈 것인가? 그러면서 분명하게 말합니다. 세상에 있는 것, 세상, 세상에 속한 것들은 다 지나간다, 없어진다고 그럽니다. 그러면서 아버지를 사랑한 것, 아버지의 뜻을 행하는 것, 그래서 아버지가 주시는 것, 다시 말하면, 아버지에게 속한 것은 영원히 있다고 합니다. 이렇게 도전하는 의도는 분명합니다. 세상과 하나님, 세상에 있는 것과 하나님이 주시는 것 가운데 무엇을 향하여 설 것인가를 결정하라는 것입니다. 사라져버리는 세상을 향하지 말고, 영원히 있는 혹은 영원한 것을 주시는 하나님을 향하라는 경고이기도 합니다.

세속화의 명분과 초래되는 결과

앞에서 강조한 바와 같이 세속화는 결국 하나님을 향하던 자리에서 세상을 향하는 자리로 그 방향을 전환하는 것입니다. 어떤 이들은 우리가 하나님을 향하고 하나님 중심의 태도를 갖게 되면 하나님에게 예속되어 하나님의 노예가 되고 인간성을 상실하게 되어 비인간화의 현상이 초래된다고 주장합니다. 세속화는 하나님이 아니라 인간을 가치의 중심에 두므로 이곳에서 드디어 인간의 존엄이 실현되고 인간회복이 극치에 이르게 된다고 주장합니다. 그것은 인간이 그렇게나 선한 존재가 아니라는 사실을 모르거나 일부러 무시하는 데서 오는 착각입니다. 아이러니컬하게도 인간 중심성은 인간 존엄이 아니라, 인간 상실을 초래합니다. 인간 중심성은 필연적으로 자기 중심성으로 가게 됩니다. 인간이 가장 중요하고 인간이 최고의 가치라고 주장하면서 그것을 추구하는 과정에서 사람들은 점점 인간중심성에서 더 나아가 자기중심성을 추구하게 됩니다. 자기중심성이 지나쳐서 결국 지독한 이기심으로 나아갈 수밖에 없게 됩니다. 자기가 최우선이 되고 자기가 중심이 되려는 탐욕을 본질로 하는 자기중심성이 서로서로에게 발동하는 곳에서는 필연적으로 인간상실을 초래할 수밖에 없게 됩니다. 자기가 하나님의 자리에 올라가고, 다른 사람들에 대하여는 무자비하게 되는 현상을 필연적으로 초래합니다. 이러한 상황 아래서 인간성 상실이 필연적입니다.

진정한 인간의 가치와 인간성 회복은 하나님 중심성 안에서만 보장될 수 있습니다. 인간의 가치와 존엄의 보장을 인간의 생명과 인권의 존엄성에 절대적인 근거를 두게 되면 진정한 인간의 존엄성은 확보할 수 없게 됩니다. 인간의 존엄성과 진정한 가치는 그 생명의 존엄성에 근거한 것이 아니라, 하나님이 창조하셨다는데 있습니다. 하나님은 모든 피조물을 창조하셨지만 인간은 달리 창조하셨습니다. 그리고 하나님이 인간과는 다른 어떤 피조물과도 다른 특별한 관계를 맺으셨습니다. 그리고 하나님께서 인간에 최대의 관심을 가지시며, 또 인간을 존귀하게 여기십니다. 그러므로 하나님이 귀하게 여기는 인간을 함부로 할 수 없습니다. 인간의 존엄성과 가치는 이 사실에 근거하는 것입니다. 하나님을 배제한 인간은 많은 동물 가운데 한 동물일 뿐입니다. 인간은 정치적인 동물이고, 사회적 동물이고, 생각하는 한 종류의 동물이 될 뿐입니다. 여전히 동물일 뿐입니다.

예수님은 인간중심, 나아가 자기중심이 보편화된 말세를 이렇게 비유로 말씀하셨습니다. 누가복음 7장 31-35절입니다. 이 세대의 사람들을 비유로 말한다며 어떻게 말할 수 있겠는가? 이렇게 질문을 던진 다음에 예수님이 답을 하십니다. "비유하건대 아이들이 장터에 앉아 서로 불러 이르되 우리가 너희를 향하여 피리를 불어도 너희가 춤추지 않고 우리가 곡하여도 너희가 울지 아니하였다 함과 같도다. 세례 요한이 와서 먹지 아니하며 포도주도 마시지 아니하며 너희 말이 귀신이 들렸다 하더니 인자는 와서 먹고 마시매 너희 말이 보라 먹기를 탐하고 포도주를 즐기는 사람이요 세리와 죄인의 친구로다 하니 지혜는 자기의 모든 자녀로 인하여 옳다 함을 얻느니라." 장터에 애들이 앉아서 놀고 있습니다. 이건 그냥 놀이입니다. 아이들이 장터에 모이면 하는 게임인데 게임에는 늘 일정한 규칙이 있습니다. 이 놀이가 게임으로서 계속 돌아가고 운영이 되려면 누구나 다 이 규칙을 지켜야 합니다. 이것이 게임을 게임으로 돌아가게 하는 근거요 질서요 약속입니다. 게임에 참여하는 사람이면 누구나 이 룰을 지켜야만 게임이 유지됩니다. 그렇지 않으면 게임이 유지되지 않지요. 애들이 두 패로 나눠서 한쪽에 서 피리를 불면 다른 쪽에 있는 애들이 노래를 하고 그 곡에 맞춰 서 춤을 춰야 합니다. 그리고 한쪽에 있는 애들이 곡을 하면 다른 쪽에 있는 애들은 그 곡을 듣고 울어야 합니다. 그래야 게임이 되 지 안 그러면 게임이 유지되지 않습니다. 그런데 한쪽 애들이 피리 를 부는데 저기 있는 애들이 춤추지 않고 가만히 있는 거예요. 그 러면 이 게임이 깨져 버리는 거지요. 저쪽에 있는 애들이 아이고 아이고 하며 곡을 했습니다. 그러면 이편에 있는 아이들은 울어야 해요. 그런데 이 아이들이 멀뚱멀뚱하고 울지를 않습니다. 곡을 하 는 데도 구경만 하고 있는 것입니다. 그럼 게임이 더 이상 유지되 지 않습니다. 왜 이런 일이 일어납니까? 한 사회로 놓고 본다면 그 사회가 사회로서 유지가 되게 하고 돌아가게 하려면 그 사회에 속 한 사람들이 서로 약속된 질서를 지켜야 합니다. 그런데 그걸 안 지켜요. 그래서 야, 내가 피리를 부는데 너희들 왜 가만히 있어? 그랬더니 춤을 안 춘 애들이 뭐라 그럴까요? 피리 부는 게 너 좋아 서 하는 건데 내가 왜 춤을 춰? 나는 좋은 거 하나 없는데, 하며 안 추는 겁니다. 그리고 또 야, 곡을 하면 울어야지 너 왜 안 울어? 그 러니까 나는 슬픈 일 없는데 내가 왜 울어? 그러는 겁니다. 예수님 께서 비유 가운데서 직설적으로 이렇게 말씀하시지는 않았지만 이 시대를 빗대어 이런 비유로 말씀하신 데는 이것을 말씀하시고

자 한 것입니다. 비유에 세례 요한과 예수님에 대한 바리새인들의 반응을 덧붙여 놓은 의도도 그들의 지독하게도 자기중심적인 생활태도를 지적하려는 것입니다. 세속화가 진행되면 마지막에 이르는 종착점은 지독한 자기중심주의요 지독한 이기주의로 귀결됩니다.

이렇게 보면 결국 지독한 자기 이기주의로 이끄는 세속화, 그것은 무서운 죄입니다. 남의 아픔에 내가 전혀 아프지 않고, 나 하나 좋으면 됩니다. 남의 즐거움에 박수가 쳐지지 않습니다. 우리가 지금 이런 사회 풍조에 의해서 우리도 모르는 사이에 그런 삶을 살도록 내몰리고 있습니다. 이것이 더 심화되면 가정에까지 침투해 들어옵니다. 부부 사이는 말할 것도 없거니와 부모와 자식 사이도 그런 관계가 될 수 있습니다. 디모데후서 3장 1-5절까지 봅니다. "너는 이것을 알라 말세에 고통하는 때가 이르러 사람들이 자기를 사랑하며 돈을 사랑하며 자랑하며 교만하며 비방하며 부모를 거역하며 감사하지 아니하며 거룩하지 아니하며 무정하며 원통함을 풀지 아니하며 모함하며 절제하지 못하며 사나우며 선한 것을 좋아하지 아니하며 배신하며 조급하며 자만하며 쾌락을 사랑하기를 하나님 사랑하는 것보다 더하며 경건의 모양은 있으나 경건의 능력은 부인하는 자니 이 같은 자들에게서 네가 돌아서라." 말세는 고통의 때인데 그 고통의 핵심이 무엇인가 하면, 자기를 사랑하는 것입니다. 말세에 당하는 모든 종류의 고통의 뿌리는 자기 사랑이라고 말합니다. 이것이 세속화의 종착점입니다. 지독한 자기중심주의와 지독한 이기주의입니다. 이와 같은 자들에게서 네가 돌아서라! '너는 마음을 착하게 가져. 너그럽게 가져.' 그런 말일까요? 아닙니다. 근본적인 방향, 경건의 문제를 얘기하고 있습니다. 세속화의 방향에서 하나님을 향한 곳으로 방향을 바꾸라는 겁니다. 영원을 향한 신앙을 가지라는 것입니다.

이원론의 위험

우리가 앞에서 본 요한일서 2장의 핵심메시지는 세상이 아니라, 하나님을 향하라는 것임을 이미 확인하였습니다. 그러나 세상과 하나님 가운데 세상이 아니라 하나님을 향한다는 것이 무슨 말인지 혼돈하지 않아야 합니다. 이 말씀이 하나님을 향하고 하나님의 뜻을 행하고 하나님 우선의 삶을 살기 위해서는 세상을 버려야 한다는 말이 아닙니다. 세상과 하나님에 대한 이원론적인 분리를 말하는 것이 아닙니다. 둘을 놓고 이것은 물리쳐 버리고 저것만 가져야 한다는 말이 아닙니다. 이원론적인 분리가 아니라 우선순위의 문제인 것입니다. 그런데 이것을 단순히 이원론적으로 생각하니까 문제가 생깁니다. 모든 세상의 것을 성(聖)과 속(俗)으로 나누고 이것은 버리고 저것은 붙잡는 식으로 생각하는 것입니다. 이러한 태도가 극대화되면 아주 비정상적인 생활태도가 나타나게 됩니다. 직장에 가서 일하는 것은 세상일이 되고, 교회 와서 교사 하는 건 거룩한 일이 됩니다. 부부가 살면서 부부관계를 맺는 것은 속되고, 주의 일을 하는 것은 성스러운 것이 됩니다. 내가 나가서 하루를 열심히 사는 건 세상 일을 열심히 하는 것이고, 교회 나와서 전도하는 것은 거룩한 일 하는 것이 되지요. 모든 생활을 성과 속으로 나눠요. 심지어 거룩한 것에 속하는 것을 특별히 항목화해서 그것에 몰입을 하고 다른 것에는 가치를 부여하지 않고 별거 아닌 것처럼 평가합니다.

이러한 삶이 극단적으로 행해지면 현실을 아주 무시하거나 현실을 아예 배제해 버리게 됩니다. 그래서 기도원에 가는 게 가장 행복한 일이 됩니다. 직장은 다 때려 치고 교회에만 와 있으면 그 때가 가장 편안하고 행복한 겁니다. 그게 극단화 되면 결국 다같이 속세를 떠나 산속에 가서 믿는 사람끼리 모여서 서로 물건을 통용하며 정말 행복하게 신앙에만 전념하면서 천사처럼 살자! 그런 일이 가끔 생기는 것입니다. 그리고 또 하나는 현실을 회피하는 겁니다. 멀리 바라보이는 피안을 동경하며 현실을 회피해요. 내세 중심적으로 산다는 명분으로 사실은 현실 도피적 삶을 삽니다. 때로는 구름 위에서 사는 것처럼 현실을 떠나서 살려고 합니다. 세상은 다 썩을 것이고 필요 없는 것이다. 곧 주님이 오시는데 그런 부패한 것들은 다 무시하고 한데 모여서 주님을 기다리며 거룩하게 살자. 세상이 아니라 하나님 중심의 삶을 산다는 것은 이와 같은 이원론적 생활을 말하는 것이 아닌 것입니다.

하나님께 최대의 관심 갖기

하나님의 최대의 관심은 사람입니다. 우리가 바로 그 대상입니다. 그러므로 우리의 최대의 관심도 하나님이어야 합니다. 하나님께 최대의 관심을 갖고 일상의 삶을 산다는 말은 구체적으로는 세 가지의 삶의 태도를 말합니다. 첫째는 하나님 지향성입니다. 이것은 우리 생활의 방향을 말합니다. 하나님을 향하고 살아가는 것입니다. 둘째는 하나님 우선성입니다. 이것은 우리가 어디에 가치를 부여하고 사는가의 문제입니다. 하나님께 최우선의 그리고 최대의 가치를 두고 사는 것을 말합니다. 셋째는 하나님 집중성입니다. 이것은 어디에 초점을 맞추고 사는가의 문제입니다. 하나님께 모든 것을 쏟아부으며 사는 것입니다. 하나님께서 우리를 위하여 모든 것을 쏟아 부으시고 그래서 자기 아들도 우리를 위하여 내놓으신 것처럼 우리도 하나님께 집중적으로 우리를 드리며 사는 것입니다. 이것이 우리가 하나님께 최대의 관심을 일관되게 갖고 사는 구체적인 생활태도입니다. 하나님께 최대의 관심을 쏟으며 사는 것이 우리의 가장 큰 행복입니다. 그리고 명예이고 영광입니다. 하나님의 관심이 사람이듯이 사람의 관심도 하나님이어야 합니다.

5

기쁨으로 살아야 할 인간
창 2:4-17

홍동필

요즘 자주 생각하게 하고 또 생각하게 하는 것이 있습니다. 그것은 하나님께서 사람을 창조하시고 어떤 삶을 살기를 원하셨을까 하는 것입니다. 다른 피조물과 달리 사람만큼 사연도 많고 사건도 많은 피조물은 없을 것입니다. 그리고 한 사람도 같은 사람이 없고, 같은 인생을 사는 사람도 없습니다. 한 배에서 태어난 쌍둥이도 다릅니다. 성격도 다르고 모습도 다릅니다. 사람마다 잘하는 부분도 각기 다릅니다. 삶의 모습도 내용도 다릅니다. 음악을 하는 사람, 운동을 하는 사람, 문학을 하는 사람 등 다양합니다. 과거에는 상상도 못했던 인공지능은 그야말로 충격으로 다가옵니다. 인공지능에 대해서 잘 몰랐던 모든 사람들이 한국의 대표적인 바둑기사인 이세돌과 알파고의 바둑 대결에서 이세돌이 패하면서 한국만이 아니라 전 세계 모든 사람들이 인공지능에 대해 눈을 뜨기 시작했고 장차 미래가 어떻게 될지 두렵기도 하고 기대도 하게하고 궁금하게 만들기도 합니다. 사람만이 이런 것을 만들어 낼 수 있습니다. 그 어떤 피조물도 만들어 낼 수 없고, 창작해 낼 수 없습니다. 음악을 보십시오. 얼마나 아름답습니까? 각 나라마다 있는 독특한 악기와 각종 음악 장르를 보십시오. 어마어마하지 않습니까? 음악과 연결된 것은 악기만이 아닙니다. 노래의 장르도 다양해서 그 수를 셀 수 없습니다. 찬양, 성가, 동요, 오페라, 뮤지컬, 가요, 가곡, 민요, 등 이 모든 것을 오직 사람만이 할 수 있습니다.

뿐만 아니라 사람이 얼마나 소중합니까? 사람이 없으면 이 세상은 적막합니다. 사람 없는 무인도를 가보십시오. 그야말로 적막강산입니다. 풀과 각종 나무로 우거진 숲이라도 사람이 들어가면 완벽하게 변합니다. 다듬고 뽑고 가지를 쳐주고 아름답게 단장을 하면 무성한 나무와 풀과 숲이 언제 그랬냐는 듯이 완벽하게 바뀐 모습으로 드러냅니다. 지구를 떠나서 달을 향해 달려간 적이 엊그제 같은데 지금은 화성을 향해 인공위성을 띄우고 있습니다. 그리고 우주여행을 곧 할 수 있다고 말합니다. 인공지능의 발달로 사람이 운전하지 않아도 인공지능이 운전할 것이라고 말합니다. 그 시대가 먼 미래가 아니라 임박한 것을 우리는 잘 압니다. 이런 인간이 정말 대단하지 않습니까? 그렇다면 사람이 어떻게 창조 되었습니까? 오늘 본문 7절을 보면 이렇게 말씀해 주십니다.

"여호와 하나님이 땅의 흙으로 사람을 지으시고 생기를 그 코에 불어넣으시니 사람이 생령이 되니라"(창 2:7).

사람의 재료는 흙이라고 하십니다. 어떤 의미에서 사람은 흙입니다. 그래서 사람은 죽으면 흙으로 돌아갑니다. 그러나 사람에게는 또 하나의 재료를 더 사용하셨습니다. 흙으로 끝나지 않습니다. 하나님께서 특별한 재료를 사용하셨는데 하나님의 생기입니다.

하나님께서 사람의 코에 하나님의 생기를 불어 넣으신 것입니다. 그래서 사람이 생령이 되었다고 하십니다. 살아 있는 영이라는 의미입니다. 흙으로만 끝나지 않고 살아 있는 영을 가진 존재라는 것입니다. 그런데 여기에 또 하나의 재료로 만들어진 것이 사람입니다. 그것이 무엇인지 아십니까? 여러분도 잘 아시는 하와를 만들 때 사용하신 재료인 아담의 갈빗대입니다.

창세기 2장 21-23절에서 이렇게 말씀해 주십니다.

> "[21]여호와 하나님이 아담을 깊이 잠들게 하시니 잠들매 그가 그 갈빗대 하나를 취하고 살로 대신 채우시고 [22]여호와 하나님이 아담에게서 취하신 그 갈빗대로 여자를 만드시고 그를 아담에게로 이끌어 오시니 [23]아담이 이르되 이는 내 뼈 중의 뼈요 살 중의 살이라 이것을 남자에게서 취하였은즉 여자라 부르리라 하니라"(창 2:21-23).

하나님께서 사람을 만드시되 세 가지 재료인 흙과 하나님의 생기와 사람의 갈빗대를 가지고 만드셨습니다. 그렇기 때문에 사람에게는 3가지 성향이 있다고 합니다. 흙으로 돌아가려는 성향과 하나님께로 돌아가려는 성향과 사람에게로 돌아가려는 성향입니다. 그래서 사람에게는 자연으로 돌아가려는 동식물적인 존재로 전락하려는 성향도 있고, 신적인 존재로 고상해지려는 성향도 있고, 지극히 인간적인 존재로 남기를 원하는 성향이 있습니다. 다시 말해, 때론 짐승이나 악마와 같은 성향이 나오기도 하고, 천사나 하나님과 같은 성향도 있으며, 그저 지극히 인간적으로 살려는 성향이 있습니다. 그런데 하나님께서는 하나님의 형상으로 살게 하셨습니다.

창세기 1장 27절을 보면 "하나님께서 사람을 창조하시되 하나님의 형상대로 창조하셨다"고 하셨습니다. "하나님이 자기 형상 곧 하나님의 형상대로 사람을 창조하시되 남자와 여자를 창조하시고" 이것은 하나님을 닮은 존재로 사람을 창조하셨다는 뜻입니다. 하나님의 인격과 성품을 닮은 존재로 창조하신 것입니다. 그래서 생각하는 것이 하나님과 비슷하고, 느끼는 것이 하나님과 비슷하며, 결단하는 것이 하나님과 비슷하게 창조하신 것입니다. 그래서 사람만큼은 하나님과 대화를 할 수 있고, 교제도 할 수 있게 하셨습니다.

사람은 신은 아니지만 하나님과 교제를 할 수 있는, 마치 신과 같은 존재라는 것입니다. 그래서 하나님께 기도도 할 수 있고, 하나님을 찬송할 수도 있고, 하나님을 섬길 수도 있습니다. 하나님은 천사도 부러워 할 정도로 사람을 특별한 존재로 만드셨습니다.

시편 8편 4-8절을 보면 이렇게 말씀해 주십니다.

"⁴사람이 무엇이기에 주께서 그를 생각하시며 인자가 무엇이기에 주께서 그를 돌보시나이까 ⁵그를 하나님보다 조금 못하게 하시고 영화와 존귀로 관을 씌우셨나이다 ⁶주의 손으로 만드신 것을 다스리게 하시고 만물을 그의 발 아래 두셨으니 ⁷곧 모든 소와 양과 들짐승이며 ⁸공중의 새와 바다의 물고기와 바닷길에 다니는 것이니이다."(시 8:4-8).

하나님께서 사람을 특별한 위치에 두신 것입니다. 하나님 바로 아래 자리에 놓으신 것입니다. 이렇게 특별하게 지음 받은 인간이 해야 할 일이 있습니다.

1) 창조주 하나님을 잘 기억하고 하나님을 잘 섬기는 것입니다.

특별한 존재로 지음 받은 인간이 해야 할 아주 중요한 첫 번째는 하나님을 잊지 말고 잘 섬기는 것입니다. 하나님을 경외하는 것입니다. 인생의 쓴맛과 단 맛을 다 경험한 솔로몬이 그 노년에 이렇게 고백합니다. 창조자를 기억하는 것이 인생의 도리라! 전도서 12장 1절, 13절 말씀입니다.

"너는 청년의 때에 너의 창조주를 기억하라 곧 곤고한 날이 이르기 전에, 나는 아무 낙이 없다고 할 해들이 가깝기 전에 ¹³일의 결국을 다 들었으니 하나님을 경외하고 그의 명령들을 지킬지어다 이것이 모든 사람의 본분이니라"(전 12:1,13).

정신이 정상적일 때, 늙어서 세월을 보내기 전에 창조주 하나님을 기억하라고 합니다. 그리고 여호와를 경외하며 그의 명령들을 지키는 것이 사람의 본분이라고 고백합니다. 창조주 하나님을 기억할 때 인간은 정상적으로 살 수 있습니다. 하나님을 경외할 때 인간은 아름답습니다. 하나님을 경외할 때 인간은 존귀하게 됩니다.

2) 만물을 정복하고 다스리며 살라고 하셨습니다.

창세기 1장 28절을 보면 이렇게 말씀해 주십니다.

"하나님이 그들에게 복을 주시며 하나님이 그들에게 이르시되 생육하고 번성하여 땅에 충만하라, 땅을 정복하라, 바다의 물고기와 하늘의 새와 땅에 움직이는 모든 생물을 다스리라 하시니라"(창 1:28).

하나님께서 인간을 창조하실 때 특별한 사명을 주셨습니다. 먼저 사람에게 복을 주셨다고 하셨습니다. 인간은 복 받은 존재입니다. 하나님께서 주셨습니다. 그리고 생육하고 번성하여 땅에 충만하며, 땅을 정복하고, 다스리라고 하셨습니다. 지구는 사람으로 가득해야 합니다. 사람이 없으면 막막합니다. 집안도 후손이 있을 때 소망이 있습니다. 아무리 고급 진 건물이라 할지라도 사람이 없으면 무섭습니다. 그러나 초가삼간도 사람이 있으면 훈훈합니다. 요즘 시골길을 갈 때 사람을 찾을 수가 없습니다. 그래서 저 먼 곳에 불빛이 보이면 반갑습니다. 금방 마음이 놓입니다. 왜 그렇습니까? 불빛이 있다는 말은 사람이 있다는 것이기 때문입니다. 사람이 있으면 마음이 놓이고 안심할 수 있고 길을 물을 수도 있고 안내를 받을 수도 있습니다. 여기 '다스리라'는 말은 '보살피며 다스리라'는 의미입니다. 탐욕을 가지고 자연을 파괴하라는 것이 아닙니다. 자연을 잘 보살피며 다스리라는 것입니다. '정복하라'는 말은 피조물에 예속되지 말라는 것입니다. 이것을 종합하면 아주 깊은 의미가 담겨져 있습니다. 하나님의 형상대로 지음 받은 인간은 이 세상을 정복하고 다스리며 살되 잘 보살피며 살고 동시에 다른 피조물에 굴복하거나 매이거나 노예가 되지 말라는 것입니다. 즉 돈과 물질과 자연의 노예가 되지 말라는 것입니다. 돈과 물질에 노예가 되는 부분에 대해서는 굳이 설명하지 않아 될 것입니다. 그러나 자연의 노예가 되지 말라는 말은 사람은 누구에게나 거대한 자연 앞에서나 혹은 신비한 듯한 자연에게 기대고 싶은 종교적인 마음이 있습니다. 그래서 오래된 고목이나, 아니면 거대한 바위에게 손을 모아 빌거나 절하고 싶은 마음이 생기게 됩니다. 이렇게 되지 말라는 것입니다. 오히려 자연을 정복하고 지배하며 살아야 존재가 사람이라는 것입니다. 하나님을 모르면 이렇게 되고, 인간이 어떤 존재인가를 모르면 이렇게 됩니다. 역사를 보면 모든 권력자들은 다 자신을 신적인 존재로 사람들이 섬기기를 원합니다. 김일성도 그렇고 김정일도 그렇고 김정은도 그렇고 과거 독일의 히틀러도 그렇고 일본의 황제도 그랬습니다. 삼국지에 나오는 인물 중에 관우가 중국 사람들에게 영향을 미치는 신적인 존재로 숭배하는 것을 봅니다. 창조주 하나님께서 말씀하십니다. 생육하고 번성하여 땅에 충만하고 땅을 정복하고 모든 생물을 다스리라고 하십니다. 인간은 만물에 예속되는 존재가 아니라는 것입니다. 오히려 이 모든 만물을 지도하고 다스리라는 것입니다. 이게 사람입니다.

3) 사람을 사랑하며 살라고 하십니다.

사람이 사랑해야 할 대상은 사람입니다. 물론 하나님께서 허락하신 모든 만물을 사랑함으로 정복하고 다스려야 합니다. 그러나 참 사랑의 대상은 사람입니다. 엄밀하게 말하면 사람이 사랑해야 할 대상은 하나님과 사람입니다. 하나님의 형상으로 지음 받은 사람이기 때문에 하나님을 사랑함은 당연하고, 하나님의 형상대로 지음 받은 사람을 존귀하게 여기고 사랑하며 살아야 합니다. 주님께서 친히 새 계명을 주시면서 하나님 사랑과 사람 사랑하라고 하셨습니다. 마태복음 22장 37-40절 입니다.

> "^{37}예수께서 이르시되 네 마음을 다하고 목숨을 다하고 뜻을 다하여 주 너의 하나님을 사랑하라 하셨으니 ^{38}이것이 크고 첫째 되는 계명이요 ^{39}둘째도 그와 같으니 네 이웃을 네 자신 같이 사랑하라 하셨으니 ^{40}이 두 계명이 온 율법과 선지자의 강령이니라"(마 22:37-40).

현대인들에게 가장 많은 질병 중에 하나가 '우울증'이라고 합니다. 과거에 비해서 과학과 문화가 발달 할수록 사람에게 무서운 질환이 생긴 것입니다. 외롭다는 것입니다. 우울하다는 것입니다. 고독이라는 것입니다. '우울'이란 '근심스럽고 갑갑하며 활기가 없는 것'을 말합니다. 이런 증세는 공부 많이 했다고 없는 것이 아니고 돈 많다고 없는 것이 아닙니다. 돈이 있건 없건, 공부를 많이 했던 안 했건 상관하지 않고 모든 사람들에게 생긴다고 합니다. 왜 그렇습니까? 하나님을 기억하지 못하기 때문입니다. 하나님을 경외하며 하나님을 경배할 때 사람은 사는 재미와 즐거움을 얻게 됩니다. 하나님은 사람으로 기쁘고 즐겁게 살게 하셨습니다. 천국을 생각해보시기 바랍니다. 천국에 가면 모든 만족 속에 살아갑니다. 최고의 행복으로 가득한 곳입니다. 천국에는 부족함이 없습니다. 오직 기쁨과 행복만이 가득합니다. 하나님께서 우리로 하여금 이 세상에 살게 하셨을 때 최고의 삶을 살도록 하셨습니다. 최고의 즐거움 가운데 살도록 하셨습니다. 기뻐하며 살게 하셨습니다. 품위 있고 격조 있는 삶을 살도록 하셨습니다. 그렇다면 하나님께서 우리가 무엇을 하며 즐겁고 기쁘게 살게 하셨습니까?

(1) 하나님께서 사람을 창조하시고 친히 말씀하시기를 먹는 즐거움을 주셨습니다.

오늘 본문 9절을 보면, "여호와 하나님이 그 땅에서 보기에 아름답고 먹기에 좋은 나무가 나게 하시니 동산 가운데에는 생명 나무와 선악을 알게 하는 나무도 있더라." 아름답고 맛있는 과일들을 많이 만들어 주시면서 먹게 하셨습니다. 하나님께서 사람에게 먹고 마시는 즐거움을 주셨습니다. 계절이 바뀔 때마다 얼마나 맛있는 과일이 많습니까? 요즘에는 계절에 상관없이 언제나 먹을 수 있는 과일들이 풍성합니다. 우리나라에 없는 과일도 맛 볼 수 있습니다. 전도서 8장 15절은 먹는 즐거움에 대해 말씀해 주십니다.

"이에 내가 희락을 찬양하노니 이는 사람이 먹고 마시고 즐거워하는 것보다 더 나은 것이 해 아래에는 없음이라 하나님이 사람을 해 아래에서 살게 하신 날 동안 수고하는 일 중에 그러한 일이 그와 함께 있을 것이니라"(전 8:15).

명절을 지내셔서 아시겠지만, 아침 먹고 돌아서면 점심 먹고, 점심 먹고 돌아서면 저녁 먹지 않습니까? 그런데 명절을 생각하면 먹는 즐거움이 있지 않습니까? 평소에 잘 먹지 못하는 음식들을 푸짐하게 장만해서 온 가족이 모여서 먹는 즐거움이란 엄청납니다. 예전엔 잘 몰랐는데 요즘엔 이런 생각을 합니다. 맛있게 먹고 즐겁게 살아야하겠다. 이 세상에서 하나님께서 잘 먹고 잘 살라고 하셨기 때문입니다. 물론 낭비하라는 것은 아닙니다. 먹는 즐거움을 말해주신 것입니다.

(2) 일하는 노동의 즐거움을 주셨습니다.

하나님은 놀고먹는 것을 좋아하시지 않습니다. 일하면서 살도록 하셨습니다. 오죽하면 일하지 않는 사람은 먹지도 말라고 하셨겠습니까? 데살로니가후서 3장 10절입니다.

"우리가 너희와 함께 있을 때에도 너희에게 명하기를 누구든지 일하기 싫어하거든 먹지도 말게 하라 하였더니"(살후 3:10).

사람에게 가장 힘든 직업이 무엇인지 아십니까? 놀고 먹는 직업입니다. 평생을 일하며 산 사람들이 이렇게 말합니다. 좀 쉬었으면 좋겠다. 그러나 퇴직하고 쉬시는 모든 분들의 고백이 무엇인지 아십니까? 출퇴근했으면 좋겠다는 것입니다. 비록 급여는 적어도 일할 수 있다면 좋겠다는 것입니다. 하나님께서는 에덴동산에서 아담과 하와에게 동산을 잘 관리하라고 말씀하셨습니다. 사실 노동의 즐거움은 사람의 본분입니다. 전도서 3장 13절, 22절은 이렇게 말씀해 주십니다.

"¹³사람마다 먹고 마시는 것과 수고함으로 낙을 누리는 그것이 하나님의 선물인 줄도 또한 알았도다 ²²그러므로 나는 사람이 자기 일에 즐거워하는 것보다 더 나은 것이 없음을 보았나니 이는 그것이 그의 몫이기 때문이라 아, 그의 뒤에 일어날 일이 무엇인지를 보게 하려고 그를 도로 데리고 올 자가 누구이랴"(전 3:13,22).

일하는 즐거움은 여러분도 아실 것입니다. 물론 일에 너무 치여 사는 것은 옳지 않습니다만, 일의 즐거움, 일의 보람은 일을 해 본 사람만이 경험할 수 있습니다. 저는 군대를 공병대를 다녀왔습니다. 부교 중대였는데 한강 다리가 파괴되면 복구하는 전투부대였습니다. 그런데 간간이 노동도 합니다. 모래와 시멘트를 이겨서 벽돌도 만들기도 합니다. 땀 흘리며 힘들게 일하다가 10분간 휴식을 할 때 그 즐거움은 대단합니다. 언제 이런 즐거움을 경험하겠습니까? 노동 후에 즐기는 기쁨과 휴식입니다. 운동도 마찬가지입니다. 얼마나 재미가 있습니까? 등산도 할 수 있고, 탁구도 칠 수 있고, 족구도 할 수 있으며, 축구도 할 수 있지 않습니까? 겨울에는 스키도 탈 수 있습니다. 다른 피조물은 할 수 없는 일들입니다. 오직 사람만이 할 수 있는 엄청난 복입니다. 하나님은 먹는 즐거움과 기쁨만이 아니라

(3) 각종 보석과 진귀한 것들을 주시고 즐기며 기쁘게 살게 하셨습니다.

오늘 본문 11-12을 보시면 이렇게 말씀해 주십니다.

> "¹¹첫째의 이름은 비손이라 금이 있는 하윌라 온 땅을 둘렀으며 ¹²그 땅의 금은 순금이요 그 곳에는 베델리엄과 호마노도 있으며"(창 2:11-12).

천국을 소개할 때도 각종 진귀한 보석들로 꾸몄다고 말씀해 주십니다. 결혼할 때 신랑과 신부에게 무엇으로 마음을 담아 표현합니까? 값나가는 보석이나 시계입니다. 손에 반지를 껴 보십시오. 아름다운 보석으로 장식을 해 보십시오. 얼마나 아름답습니까? 하나님은 보석을 담은 산과 바다 그리고 강을 주셔서 맘껏 즐기며 살게 하셨습니다.

(4) 무엇보다도 하나님은 가정을 주셔서 기쁘고 즐겁게 살게 하셨습니다.
하나님께서 아담에게 하와를 데리고 왔을 때 아담이 기뻐서 하는 말이 내 뼈 중의 뼈요 살 중의 살이라며 좋아했습니다. 결혼하는 남녀를 보십시오. 얼마나 아름답습니까? 명절에 부부가 함께 부모님께 세배할 때 얼마나 아름답습니까? 아이들이 자라서 가정에 가득할 때 얼마나 아름답습니까? 아이들과 함께 여행을 가든, 놀이를 가든 가정이 있다는 사실이 얼마나 행복합니까? 남녀가 사랑해서 결혼할 때 상대방의 단점은 보이지 않고 장점만 보입니다. 그리고 행복해 합니다. 그래서 결혼하는 것입니다. 결혼함으로 참 사랑이 무엇인지, 사랑을 하면 사람이 어떻게 변하는지를 알게 됩니다. 진짜 사랑은 상대방에게 잘해주는 것입니다. 남편이 아내를 사랑하기 때문에 아내를 위해서 희생하지 않습니까? 아내가 남편을 사랑하기 때문에 헌신하지 않습니까? 부모가 자녀를 사랑하기 때문에 희생하는 것입니다. 자원해서 하는 것입니다. 사랑은 모든 것을 회복시켜줍니다.

(5) 하나님께 기도할 수 있는 기쁨과 즐거움을 주셨습니다.

모세는 평생 즐겁고 기쁘게 해 달라고 기도했습니다. 시편 90편 14절입니다.

> "아침에 주의 인자하심이 우리를 만족하게 하사 우리를 일생 동안 즐겁고 기쁘게 하소서"(시 90:14).

모세는 하루 이틀이 아니라 평생을 즐겁고 기쁘게 해 달라고 기도합니다. 이 세상을 살아갈 때 반드시 형통하고 평안한 것만은 아닙니다. 오히려 고난도 심하고 어려움도 닥치는 경우도 허다합니다. 고난의 종류는 다양합니다. 육체의 고난 즉 심한 질병의 고난은 본인만 아니라 온 가족을 힘들게 하고 아프게 합니다. 그러나 바울 사도는 고난 중에서도 육체의 질병 가운데서도 기뻐한다고 고백합니다. 고린도후서 12장 9절입니다.

"나에게 이르시기를 내 은혜가 네게 족하도다 이는 내 능력이 약한 데서 온전하여짐이라 하신지라 그러므로 도리어 크게 기뻐함으로 나의 여러 약한 것들에 대하여 자랑하리니 이는 그리스도의 능력이 내게 머물게 하려 함이라"(고후 12:9).

세 번이나 질병을 고쳐주실 것을 기도했습니다만, 하나님께서는 고쳐주시지 않고 오히려 내 은혜가 네게 족하다고 하시면서 질병을 있는 그대로 두셨습니다. 바울 사도는 이런 질병 가운데 도리어 크게 기뻐한다고 고백합니다. 왜냐하면 나의 여러 약함 때문에 주님의 능력이 자신에게 머물기 때문입니다.

(6) 예수를 믿기 때문에 당하는 고난 때문에 감사하며 즐거워하라고 하십니다.

우리는 주님 때문에 믿는다는 단 한 가지 이유 때문에 때론 핍박도 받고 억울함도 당하고, 손해도 볼 수 있습니다. 그러나 주님께서 말씀하시기를 기뻐하고 즐거워하라고 하셨습니다. 마 5:11-12입니다.

"¹¹나로 말미암아 너희를 욕하고 박해하고 거짓으로 너희를 거슬러 모든 악한 말을 할 때에는 너희에게 복이 있나니. ¹²기뻐하고 즐거워하라 하늘에서 너희의 상이 큼이라 너희 전에 있던 선지자들도 이같이 박해하였느니라"(마 5:11-12).

베드로 사도도 주님 때문에 고난당하는 것을 즐거워하라고 합니다. 베드로전서 4장 12-14절입니다.

"¹²사랑하는 자들아 너희를 연단하려고 오는 불 시험을 이상한 일 당하는 것 같이 이상히 여기지 말고 ¹³오히려 너희가 그리스도의 고난에 참여하는 것으로 즐거워하라 이는 그의 영광을 나타내실 때에 너희로 즐거워하고 기뻐하게 하려 함이라 ¹⁴너희가 그리스도의 이름으로 치욕을 당하면 복 있는 자로다 영광의 영 곧 하나님의 영이 너희 위에 계심이라"(벧전 4:12-14).

환난 중에 즐거워하라고 하십니다. 로마서 5장 3절입니다.

"다만 이뿐 아니라 우리가 환난 중에도 즐거워하나니 이는 환난은 인내를"(롬 5:3).

(7) 주님 안에 있다는 사실로 기뻐하고 즐거워하라고 하십니다.

감옥에 갇혀 있는 바울 사도가 감옥에 있으면서도 기뻐하고 기뻐하라고 권면합니다. 감옥에 갇혀 있다는 것은 고통이요, 부끄러움이요, 아픔입니다. 그럼에도 불구하고 바울 사도는 이렇게 말합니다. 빌립보서 4장 4절입니다.

"주 안에서 항상 기뻐하라 내가 다시 말하노니 기뻐하라"(빌 4:4).

주님께서 십자가를 지시기 전 제자들에게 하신 말씀이 기쁨이었습니다. 너희 기쁨을 충만케 하려 함이라고 하셨습니다. 요한복음 15장 11절입니다.

"내가 이것을 너희에게 이름은 내 기쁨이 너희 안에 있어 너희 기쁨을 충만하게 하려 함이라"(요 15:11).

우리가 천국에 입성하기 전에는 이 세상이 힘들고 고달프고 어렵고 많은 문제와 사건 사고가 있겠지만 성도로 하여금 이 세상을 즐거워하며 기쁘게 살라고 말씀해 주십니다. 천국에 가면 행복이 보장되어 있지만, 이미 이 세상에서 그 천국의 맛을 살면서 살라고 하신 것입니다. 하나님께서도 우리 때문에 감격하시며 기뻐하신다고 하셨습니다. 스바냐 3장 17절입니다.

> "너의 하나님 여호와가 너의 가운데에 계시니 그는 구원을 베푸실 전능자이시라 그가 너로 말미암아 기쁨을 이기지 못하시며 너를 잠잠히 사랑하시며 너로 말미암아 즐거이 부르며 기뻐하시리라 하리라"(습 3:17).

하나님은 성도들을 향해 나의 기쁨이요, 나의 사랑이라고 하셨습니다. 항상 기뻐하라고 하십니다. 범사에 감사하라고 하십니다. 데살로니가전서 5장 15-17절입니다.

> "16항상 기뻐하라 17쉬지 말고 기도하라 18범사에 감사하라 이것이 그리스도 예수 안에서 너희를 향하신 하나님의 뜻이니라"(살전 5:15-17).

기쁘고 즐겁게 사는 것이 하나님의 뜻이라고 하십니다. 우리 모두 이 땅에서 남은 생애 즐겁고 기쁘게 살기를 원합니다.